Responsabilidade Civil dos Administradores e Gestores de Fundos de Investimento

Responsabilidade Civil dos Administradores e Gestores de Fundos de Investimento

2018

Eduardo Montenegro Dotta

**RESPONSABILIDADE CIVIL DOS ADMINISTRADORES
E GESTORES DE FUNDOS DE INVESTIMENTO**
© Almedina, 2018
AUTOR: Eduardo Montenegro Dotta
DIAGRAMAÇÃO: Almedina
DESIGN DE CAPA: FBA
ISBN: 9788584934140

Dados Internacionais de Catalogação na Publicação (CIP)
(Câmara Brasileira do Livro, SP, Brasil)

Dotta, Eduardo Montenegro
Responsabilidade civil dos administradores
e gestores de fundos de investimento / Eduardo
Montenegro Dotta. -- São Paulo : Almedina, 2018.

Bibliografia.
ISBN 978-85-8493-414-0

1. Administração de empresas 2. Fundos
de investimentos - Brasil - Administração
2. Responsabilidade (Direito) - Brasil I. Título.
18-21785
CDU-347.51:336.714:658(81)

Índices para catálogo sistemático:

1. Brasil : Administradores de fundos de investimento :
Responsabilidade civil : Direito 347.51:336.714:658(81)

Iolanda Rodrigues Biode - Bibliotecária - CRB-8/10014

Este livro segue as regras do novo Acordo Ortográfico da Língua Portuguesa (1990).

Todos os direitos reservados. Nenhuma parte deste livro, protegido por copyright, pode ser reproduzida, armazenada ou transmitida de alguma forma ou por algum meio, seja eletrônico ou mecânico, inclusive fotocópia, gravação ou qualquer sistema de armazenagem de informações, sem a permissão expressa e por escrito da editora.

Novembro, 2018

EDITORA: Almedina Brasil
Rua José Maria Lisboa, 860, Conj.131 e 132, Jardim Paulista | 01423-001 São Paulo | Brasil
editora@almedina.com.br
www.almedina.com.br

À Ana Carolina, Maria Eduarda e Mariana.

AGRADECIMENTOS

Aos meus chefes e amigos feitos no Insper, Prof. Dr. André Antunes Soares de Camargo, Prof. Dr. Rodrigo Rebouças e Prof. Dr. Valdir Pereira. Grandes apoiadores desta segunda edição.

Aos comentários, correções, críticas e sugestões, no todo pertinentes, formuladas pelos examinadores Professores Marcos Paulo de Almeida Salles, Jairo Saddi e André Antunes Soares de Camargo, feitas à primeira edição desta obra.

Ao meu irmão, Roberto Dotta Filho, que sempre me motivou a escrever sobre os fundos de investimento.

Aos meus sócios Carlos Donegatti, Danilo Lacerda, Miguel Coelho e aos colegas e amigos de escritório, sempre entusiastas dos meus estudos.

Ao colega Arsênio Eduardo Correa, exemplo de profissional, ser humano e amigo que a vida me permitiu conhecer e tanto aprender no dia a dia de nossos escritórios, e ao colega Paulo Godoy Correa, que igualmente engrandece a nossa batalha diária.

Aos meus queridos alunos dos cursos de LLM em Direito dos Mercados Financeiro e de Capitais do Insper, que, mediante intenso e elevado debate da disciplina tratada neste livro, muito contribuíram para o conteúdo que ora é disponibilizado à leitura pública.

PREFÁCIO À 1ª EDIÇÃO

Há pouco mais de um ano, concluíamos a apresentação do primeiro conjunto de livros desta série jurídica manifestando o desejo de que a empreitada, então em sua primeira fase, se tomasse prolífica.

A publicação deste livro, simultânea à de outros três, confirma aquilo que era apenas uma forte aspiração, e abre caminhos ainda mais auspiciosos para o sucesso da iniciativa, com a publicação de subsequentes conjuntos de novos títulos e de novos autores, num segmento editorial de escassa literatura, como é o dos livros jurídico-econômicos que tratam em especial de temas do direito bancário e do mercado de capitais e que tem caracterizado a missão do Ibmec Direito.

Assim como os temas da primeira, os desta segunda coleção abrem perspectiva de aprofundamento das discussões de assuntos controversos, presentes por sua importância nas discussões da prática diária do direito, não raras vezes levadas para decisão no âmbito do Poder Judiciário.

Frutos de pesquisa aprofundada, são temas atuais e acerca de matérias importantes e de interesse dos setores financeiro, bancário, jurídico, empresarial e da própria sociedade.

O Ibmec Direito se orgulha em poder participar desta iniciativa esperando ampliar o debate das ideias.

PROF DR. JAIRO SADDI
Coordenador Geral Ibmec Direito
LUIS CLÁUDIO MONTORO MENDES
Coordenador Adjunto Ibmec Direito

PREFÁCIO À 2ª EDIÇÃO

Não sou um prefaciador assíduo. Talvez um dia aprenda a fazê-lo de forma mais curta, objetiva e menos enfadonha. Tento ser sempre honesto comigo, com o prefaciado e com o leitor que muitas vezes passa por aqui despretensiosamente antes de saborear a obra que seguirá. O que dizer de uma pessoa, amigo, pai, marido, advogado, professor, companheiro de todas as horas e que tanto admiramos pessoal, profissional e academicamente? Falar o que mais de uma obra que, desde a sua primeira edição em 2005, já era inovadora em seu tema e abordagem, trazendo inúmeras provocações e para um tema que só iria crescer em importância?

Posso afirmar que Eduardo Montenegro Dotta e sua obra "Responsabilidade Civil dos Administradores e Gestores de Fundos de Investimento", ora em sua aguardada, revista e ampliada 2ª edição, possuem uma série de características em comum. Ambos evoluíram nesse período. Dotta tornou-se um excelente professor nesse período depois de uma trajetória como *alumnus* do programa LL.M. em Direito dos Mercados Financeiro e de Capitais do Insper. Acompanhei de perto esse florescimento dentro e fora da sala de aula em especial na disciplina "Fundos de Investimento", o que colaborou, junto com a sua relevante militância na advocacia empresarial, para que ele aprimorasse o texto que o leitor tem em mãos. Obra e autor se confundem e se retroalimentam em uma verdadeira relação de cumplicidade.

Autor e obra tornam-se, nesse sentido, referência sobre o tema. Com a edição da Instrução CVM n. 555, de 17/12/2014, houve uma significativa alteração na forma pela qual o tema é regulado em nosso país, seguido de um novo entendimento jurisprudencial. Como se sabe, a indústria dos fundos de investimento é cada vez mais significativa em nosso país, demandando mais estudos específicos que possam trazer luz aos desafios complexos que se apresentam. A obra é atualíssima e aborda o empoderamento do tema em diversos sentidos.

Por fim, sinto-me muito honrado e feliz de recomendar a leitura desta obra, não só pela pessoa e profissional incrível que a escreveu, mas também pela utilidade e qualidade do seu texto. Quando se aliam fatores pessoais, profissionais e acadêmicos em um trabalho acadêmico, o resultado não pode ser diferente. São momentos como este em que lembramos dos bons amigos e dos bons livros.

ANDRÉ ANTUNES SOARES DE CAMARGO
Sócio de TozziniFreire Advogados e Professor do Insper
Doutor em Direito Comercial pela Universidade de São Paulo
Pós-Doutor pela Universidade de Saint Gallen, na Suíça

SUMÁRIO

AGRADECIMENTOS	7
PREFÁCIO À 1ª EDIÇÃO	9
PREFÁCIO À 2ª EDIÇÃO	11
INTRODUÇÃO À 1ª EDIÇÃO	15
INTRODUÇÃO À 2ª EDIÇÃO	17
PRIMEIRA PARTE	19
1. ASPECTOS DOS PRINCÍPIOS FORMADORES DO CÓDIGO CIVIL E DO DIREITO PRIVADO BRASILEIRO	21
2. A RESPONSABILIDADE CIVIL NO NOVO CÓDIGO – A AMPLIAÇÃO DO DEVER DE INDENIZAR	31
2.1. As Inovações Relativas à Responsabilidade Civil no Novo Código Civil	31
2.2. Da Responsabilidade – Noção Introdutória	33
2.3. Dos Atos Jurídicos Lícitos, Ilícitos, e Daqueles Praticados com Abuso de Direto	35
2.3.1. Dos Atos Jurídicos Lícitos	35
2.3.2. Dos Atos Ilícitos	37
2.3.3. Dos Atos Praticados com Abuso de Direito	39
2.4. Do Surgimento do Dever de Indenizar	43

3. DOS REGIMES JURÍDICOS DA RESPONSABILIDADE CIVIL   49
   3.1. Da Responsabilidade Civil Subjetiva   50
   3.2. Da Responsabilidade Civil Objetiva Enquanto Exceção à
       Sistemática Adotada pelo Código Civil   59

SEGUNDA PARTE   69

4. DOS PRINCÍPIOS QUE INFORMAM O DIREITO
   DOS MERCADOS FINANCEIRO E DE CAPITAIS   71
   4.1. Princípio Da Proteção Da Mobilização Da Poupança Nacional   75
   4.2. Princípio da Proteção da Economia Popular   77
   4.3. Princípio Da Proteção Da Estabilidade Da Entidade Financeira   79
   4.4. Princípio da Proteção do Sigilo Bancário   81
   4.5. Princípio da Proteção da Transparência das Informações   83

5. DO CONCEITO E DA NATUREZA JURÍDICA DOS FUNDOS
   DE INVESTIMENTO   85

6. DA ORIENTAÇÃO REGULATÓRIA E A CLASSIFICAÇÃO
   DOS FUNDOS DE INVESTIMENTOS   97

7. OS DEVERES DOS ADMINISTRADORES E GESTORES
   DOS FUNDOS DE INVESTIMENTOS   117

8. DA POLÍTICA DE INVESTIMENTO E OS ELEMENTOS
   DE RISCOS PARA OS FUNDOS DE INVESTIMENTO   129

9. RESPONSABILIDADE CIVIL DOS ADMINISTRADORES
   E GESTORES DE FUNDOS DE INVESTIMENTO   137

CONCLUSÃO   153

REFERÊNCIAS   181

Introdução à 1ª Edição

Com a introdução da Lei nº 10.406, de 10 de janeiro de 2002, no ordenamento jurídico vigente, relevantes alterações interferiram na normatização e na interpretação da legislação civil, atingindo parcela substancial das relações empresariais e impondo a revisão de inúmeros conceitos já arraigados, seja nos operadores do direito, nos agentes econômicos ou na sociedade em geral.

Questões como a função social dos contratos, a boa-fé objetiva, a ética nas relações, normas dotadas de maior generalidade, entre outras, tiveram de ser assimiladas e amoldadas às relações sociais, tomando, por outro lado, relativa a aplicação de preceitos anteriormente soberanos como, por exemplo, o caráter absoluto da autonomia da vontade.

Como veremos, as modificações impostas ao direito civil também se propagaram no campo da responsabilidade, passando-se a admitir, no bojo do Novo Código, a responsabilização explícita pelo abuso de direito, e, de forma inédita, a responsabilidade objetiva decorrente do desempenho de atividades de risco, antes tratada somente em legislações específicas.

Também será objeto de nossas considerações o estudo dos fundos de investimento, cujas operações têm atraído relevante parcela da poupança nacional, desde o público que habitualmente dirigia seus recursos à caderneta de poupança, aos denominados investidores institucionais, ampliando consideravelmente o movimento dos mercados financeiros e de capitais. Assim, embora a poupança privada como um todo necessite em muito ser aumentada, os fundos de investimento tornaram-se ferramenta relevante para o desenvolvimento econômico e para a viabilidade de projetos, os quais passaram a decolar em razão da grande capacidade de captação de recursos dos fundos, recursos estes que, somados, atingem atualmente o montante de mais de meio trilhão de reais.

Buscaremos, com essa empreitada, analisar e confrontar ambos os universos jurídicos, destacando seus principais elementos e a interpenetração dos conceitos atinentes a cada matéria, de forma que ao final possamos, sem qualquer pretensão de exaurir o respectivo debate, definir a natureza da responsabilidade civil dos fundos de investimento, a qual, após o advento do Novo Código, tornou-se nebulosa, abrindo espaço para argumentos com rumos diametralmente opostos.

Ressaltamos ainda a título de Introdução, que, não obstante o foco dado a este livro, procuraremos explorar de forma global a sistemática jurídica que rege o tema responsabilidade civil, e também a regulação e a regulamentação da "indústria" dos fundos, com o cuidado de não escapar à finalidade a que nos propusemos, e, tampouco, para não apresentam os uma abordagem incompleta do assunto.

Introdução à 2ª Edição

Quinze anos após a primeira edição, surgiu a necessidade, seja pelo esgotamento das obras disponíveis a venda, seja pela dinâmica do tema, de reescrever este livro.

De fato, no plano regulatório a Comissão de Valores Mobiliários impôs relevantes modificações ao funcionamento dos Fundos de Investimento no Brasil, especialmente com a edição da Instrução CVM 555/14.

Além do plano regulatório, os Tribunais, de lá para cá, passaram a tratar do tema, proferindo julgados com diferentes abordagens da matéria, o que também merece ser tratado nesta reedição.

Contudo, mais que a necessidade do reestudo da responsabilidade civil dos Administradores e Gestores de Fundos de Investimento, emergiu à mente do autor a vontade de uma nova e ampliada abordagem do tema.

Como será observado a presente reedição não é apenas a atualização do tema, mas um alargamento do mesmo, dado o novo enfoque admitido pela matéria especialmente no plano regulatório.

Primeira Parte

1. Aspectos dos Princípios Formadores do Código Civil e do Direito Privado Brasileiro

A análise da nova codificação civil vigente a partir da edição da Lei nº 10.406/2002 – por meio da qual entrou em vigor o Novo Código Civil – nos revelou a prevalente preocupação de seus autores com a tutela dos interesses coletivos em detrimento dos interesses individuais, mais defendidos que estavam pela legislação civil de 1916.

Do mesmo modo, verificamos que para a doutrina civilista, um dos principais méritos da nova legislação civil foi justamente o destaque dado pelo Código à prevalência da boa-fé, do comportamento moral e da ética nas relações privadas, as quais deverão estar orientadas ao atendimento de uma função social, também prestigiada legalmente.

Uma das características primordiais da Lei nº 10.406/2002 foi captar a necessidade de adequação da legislação civil à realidade social contemporânea, já demonstrada pela relevante evolução doutrinária e jurisprudencial que, em diversas vertentes, havia modificado substancialmente a interpretação das relações sociais, chegando mesmo a atenuar a incidência de diversos dispositivos de hermenêutica presentes no Código Civil de 1916 (v.g. da imperatividade absoluta da autonomia da vontade)[1]. Isso nos possibilita afirmar que o Novo Código Civil, como

---

[1] Modificação essa há muito percebida em outros ordenamentos, conforme o registro, jamais dispensável do Professor Norberto Bobbio, para quem: "(...) Direitos que foram declarados absolutos no final do século XVIII, com a prioridade sacre et inviolable, foram submetidos a radicais limitações nas declarações contemporâneas; direitos a quem as declarações do

RESPONSABILIDADE CIVIL DOS ADMINISTRADORES E GESTORES DE FUNDOS DE INVESTIMENTO

dito, preferiu sobrepor o interesse coletivo ao individual, colocando seus dispositivos à serviço do atendimento de uma função social, à indispensável presença da boa-fé, da ética e do comportamento dentro de padrões morais prestigiados socialmente[2].

Tal sentimento é bastante nítido nas considerações tecidas pelo Professor Miguel Reale, que coordenou a Comissão de Elaboração do anteprojeto que resultou no novo Código:

> Nos domínios da ciência do Direito prevalecia a preocupação oitocentista da escola francesa da Exegese ou da germânica dos Pandectistas visando a resolver questões sociais somente à luz de categorias jurídicas, enquanto, **nos tempos atuais, se compreende o Direito em perene vinculação com valores sociais e éticos** [3].

Para o renomado jurista, o norte seguido pela nova codificação apoiou-se nos princípios da "eticidade", da "socialidade" e da "operabilidade"[4].

Na busca da ética, os dispositivos legais albergados pelo Código devem ser interpretados considerando o abandono do formalismo jurídico,

---

século XVIII nem sequer mencionavam, como os direitos sociais, são agora proclamados com grande ostentação nas recentes declarações". (A era dos direitos. São Paulo: Campus. 1992. p. 18)

[2] Na explanação de Pablo Stolze Gabliano, vislumbramos a inclinação adotada pelo Código: "Mas observe: determinadas normas, como a que prevê a resolução por onerosidade excessiva ou a correção econômica das prestações pactuadas, em nosso pensamento, por seu indiscutível caráter publicístico e social, não podem, aprioristicamente, ser afastadas pela vontade das partes. Finalmente, o parágrafo único do artigo sob comento, utilizando linguagem contundente, determina que "nenhuma convenção prevalecerá se contrariar preceitos de ordem pública, tais como os estabelecidos por este código para assegurar a função social dos contratos e da propriedade (...) Assim, contratos que violem as regras ambientais ou utilização econômica racional do solo, assim como as convenções que infrinjam deveres anexos decorrentes da cláusula de boa-fé objetiva (lealdade, respeito, assistência, confidencialidade, informação), expressamente prevista no artigo 422 do novo código, não poderão prevalecer, ante a nova ordem civil". (Novo Código Civil e incidência nos contratos. São Paulo: Valor Econômico, edição nº 701, de 18 de fevereiro de 2003).

[3] REALE, Miguel. Espírito da nova Lei Civil. Portal Academus.http:www.academus.pro.br. acessado em 06 de janeiro de 2003.

[4] Cf. REALE, Miguel. Novo Código Civil Brasileiro. Estudo Comparativo. 3ª edição. São Paulo: Revista dos Tribunais, p. 12-13.

enfatizando-se, em oposto, a necessidade de prestígio de um comportamento permeado por preceitos da moral e da ética nas relações humanas.

Pelo "princípio da socialidade", a função e a finalidade social dos instrumentos jurídicos de direito civil devem almejar a realização da Justiça, afastado o caráter individual, como elemento de pacificação e efetivação das normas de forma isonômica e equânime. No mesmo sentido, a principiologia do novo código procurou amoldar as normas com maior generalidade, de forma que a nova legislação fosse capaz de disciplinar um maior número de situações, modificáveis ao longo do tempo. Fica clara, assim, a preocupação de também dotar a norma de maior longevidade, quando comparada com a legislação civil anteriormente vigente, a qual era claramente voltada à regulação de situações pontuais[5].

Já a "operabilidade" visou a consecução do Direito em sua concreção, "ou seja, em razão dos elementos de fato e de valor que devem ser sempre levados em conta na enunciação e na aplicação da norma"[6]. De modo que, as normas devem ser compreendidas como efetivas, imperativas e cogentes, afastando-se qualquer interpretação que as reconheça como preceitos legais meramente programáticos, que não aten-

---

[5] O que para Rui Stocco também gera maior esforço ao aplicador do direito, assim registrando: "Mas, na medida em que alarga o poder discricionário do seu aplicador, dele passa a exigir maior esforço no trabalho de interpretação e de subsunção da regra ao fato, transferindo maior responsabilidade aos juízes". (Tratado de Responsabilidade Civil. 6ª edição. São Paulo: Revista dos Tribunais. 2004. p. 110).
Buscando visualizar com clareza as vantagens e desvantagens da utilização de normas dotadas de maior generalidade, recorremos à precisa anotação do Professor Nelson Nery Junior: "21. Vantagens da cláusula geral. Deixa o sistema do CC com maior mobilidade, abandonando a rigidez da norma conceptual casuística. Faz o sistema ficar vivo e sempre atualizado, prolongando a aplicabilidade dos institutos jurídicos, amoldando-os às necessidades da vida social, econômica e jurídica. Evita o engessamento da lei civil. 22. Desvantagens da cláusula geral. Confere certo grau de incerteza, dada a possibilidade de o juiz criar a norma pela determinação dos conceitos, preenchendo o seu conteúdo com valores. Pode servir de pretexto para o recrudescimento de ideias, como instrumento de dominação por regimes totalitários ou pela economia capitalista extremada. Essas vantagens foram apontadas por Wieacker que, a um só tempo, elogiou a jurisprudência alemã, pela forma adulta e responsável com que enfrentou os períodos pós primeira guerra mundial, do nacional-socialismo, e pós segunda guerra mundial, ao aplicar as cláusulas gerais do BGB (Wieacker, Privatrechtsgeschichte, § 25, III, 3, p. 476)". (Código Civil Anotado e Legislação Extravagante. Em coautoria com Rosa Maria de Andrade Nery. 2ª edição. São Paulo: Revista dos Tribunais. p. 143)
[6] REALE, Miguel. Novo Código Civil Brasileiro. ob. cit. p. 16.

dam à precípua função de pacificação social pela sua aplicação concreta derivada da plena incidência do direito material.

Sobre o assunto, o Professor Sidnei Agostinho Beneti esclareceu que: "a socialidade estabelece a prevalência dos valores sociais da sociedade industrial moderna sobre os individuais da antiga sociedade rural; a eticidade afirma os valores humanos e valoriza o resultado justo da atuação do Direito, sobretudo por intermédio da equidade, da boa-fé e da confiança, enquanto a operacionalidade afasta o formalismo e o academicismo e norteia a busca da simplicidade e da realidade concreta"[7].

Ao nosso ver não chegou, contudo, o Código a negar a necessidade de obediência a institutos jurídicos que já vinham sendo prestigiados pela legislação civil anterior, como a necessidade do cumprimento dos contratos ou mesmo do direito à propriedade alheia. Procurou, com efeito, a nova legislação somente adequar tais previsões, de forma a atender os interesses de uma interpretação jurídica voltada ao social e à boa-fé por ela privilegiada[8].

No contexto do Novo Código Civil, as disposições contratuais, o direito de propriedade e as obrigações genericamente consideradas possuem caráter vinculativo, desde que, como expusemos, respeitem os

---

[7] BENETI, Sidnei Agostinho. A Constituição do homem comum. Panorama da Justiça. São Paulo: Ed. Escalara, ano VI. n. 38. p. 1-14.

[8] Ponto em que não podemos deixar de citar o preciso registro de Sílvio de Salvo Venosa, a quem "Desse modo, pelo prisma do novo Código, há três funções nítidas no conceito de boa-fé objetiva: função interpretativa (art. 113); função de controle dos limites do exercício de um direito (art. 187); e função de integração do negócio jurídico (art. 421) (...) Não se esqueça, contudo, que haverá uma proeminência da boa-fé objetiva na hermenêutica, tendo em vista o novo descortino social que o novo Código assume francamente. Nesse sentido, portanto, não se nega que o credor pode cobrar seu crédito; não poderá, no entanto, exceder-se abusivamente nessa conduta porque está praticando ato ilícito". (Direito Civil Tomo II – Teoria Geral das Obrigações e Tema Geral dos Contratos, 2ª edição, São Paulo: Atlas, p. 380) Para os Professores Arnoldo Wald e Jairo Saddi, como elemento norteador da hermenêutica contratual, "O nosso sistema jurídico – e em particular o Novo Código Civil – esgotou em dois ou três institutos a hipótese do "preenchimento" dos contratos incompletos: a imprevisão (art. 357), a onerosidade excessiva (art. 8) e a lesão grave (art. 157), todos tendo como pressuposto a boa-fé objetiva. O que se pretende é oferecer a possibilidade de remediar a previsão defeituosa com a correção de qualquer evento externo à economia do contrato. Já se pode perceber que a certeza contratual é fundamental para viabilizar qualquer investimento de longo prazo (...)". (Contratos incompletos. São Paulo Valor Econômico. Edição nº 887, de 13 de novembro de 2003).

princípios que informam – vale dizer, dirigem – a estrutura normativa civil por estas integradas[9].

Anotam os Professores Nelson Nery Junior e Rosa Maria de Andrade Nery que "O Código Civil garantiu a autonomia privada, concedendo às partes o direito de contratar com liberdade, impondo como limites a ordem pública e a função social do contrato. Todos têm autonomia para declarar sua vontade e agir, autonomia da vontade essa decorrente do princípio da dignidade da pessoa humana (CF 1º III). Autonomia privada, como fonte normativa, está ligada à ideia de poder, isto é, da possibilidade de realizar, principalmente, negócios jurídicos bilaterais (contratos)"[10].

Mesmo porque, caso se pretendesse interpretar de forma diversa, o novo código estaria maculado pela existência de grave contradição interna entre suas premissas basilares, visto que de um lado estaria prestigiando a função social e a boa-fé como princípios regedores dos pactos, o cumprimento das obrigações, e o desenvolvimento econômico da propriedade; e, de outro, negando a necessidade de obediência aos institutos, como a necessidade de cumprimento dos contratos, a vinculação ao necessário desempenho das obrigações validamente assumidas, ou o respeito à propriedade alheia.

Admitindo, por hipótese, que desnecessário fosse o cumprimento do contrato validamente concebido, estar-se-ia negando a sua função social enquanto elemento viabilizador da distribuição de riquezas entre as

---

[9] Em sentido parelho, encontramos a disposição constante do artigo 1134 do Código Civil francês, que assim dispõe: "Les conventions légalement formées tiennent lieu de loi à ceux qui lés ont faites. Elles ne peuvent être révoquées que de leur consentement mutuel ou par lés causes que la loi autorise. Elles doivent être exécutées de bonne foi". Na nossa tradução livre: "As convenções legalmente formadas têm o mesmo valor que a lei relativamente às partes que a fizeram. Só podem elas ser revogadas mediante consentimento mútuo, ou pelas causas que a lei admite. Devem ser executadas de boa-fé". Já no Estatuto Civil alemão (BGB), a necessidade da interpretação segundo a boa-fé é mais direta, conforme se infere de seu § 157, traduzido por Rogério Ferraz Donnini (Responsabilidade Pós-Contratual no Novo Código Civil e no Código de Defesa do Consumidor. São Paulo: Saraiva, 2004, p. 68-69), nos seguintes termos: "Os contratos interpretam-se como exige a boa-fé, com consideração aos costumes de tráfego". Significando os costumes de tráfego verdadeiros deveres de comportamento, com a devida cautela, prudência, diante da possibilidade de geração de danos a terceiros.

[10] Na obra citada, p. 335.

RESPONSABILIDADE CIVIL DOS ADMINISTRADORES E GESTORES DE FUNDOS DE INVESTIMENTO

partes que o integram, e atentando contra a sua boa-fé objetiva[11], visto que a legislação que defende a conduta assim orientada, ao mesmo tempo contemplaria a possibilidade do rompimento não justificado do ajuste cuja execução é aguardada pela parte que razoavelmente não desejava tal possibilidade[12].

Nesse particular, o Professor Arnoldo Wald, ponderou que:

> Sempre consideramos, em diversos artigos publicados a este respeito, que o legislador do Código Civil se tinha inspirado na Constituição de 1988, para a qual a propriedade tem função social, e na própria jurisprudência dos nossos tribunais, em particular do STF e do STJ, que condenavam o abuso de direito e enfatizavam a importância da boa-fé, invocando o Código Civil Alemão, que influenciou o nosso de 1916. Ponderamos que a função social do contrato não deve, nem pode afastar o seu conteúdo econômico, cabendo conciliar os interesses das partes e os da sociedade. Ainda, de acordo com a Constituição, o Código Civil pretende respeitar atos jurídicos perfeitos e direitos adquiridos, garantindo o devido processo legal substantivo.

[11] Na visão do Professores Nelson Nery Junior e Rosa Maria de Andrade Nery: "A boa-fé objetiva impõe ao contratante um padrão de conduta, de modo que deve agir como um ser humano reto, vale dizer, com probidade, honestidade e lealdade. (...) A boa-fé objetiva atua tanto em seu "aspecto compromissório, contratual, reclamando-se do contratante o cumprimento da obrigação, como também em seu aspecto eximente ou absolutório, como, por exemplo, quando vem em auxilio do devedor a circunstância de o credor ser usurário" (ob. cit. p. 338-339).

Como exemplo da aplicação do princípio da boa-fé objetiva, encontramos o seguinte julgado do Tribunal de Justiça do Estado de São Paulo, em que assim decidiu-se: "Serasa – Tutela antecipada. Cabimento. Princípio da fungibilidade das tutelas. Lançamento do nome do agravante como inadimplente, quando estava sendo cumprido acordo entre as partes, ainda que este não estivesse formalizado por escrito. Inadimplência não caracterizada. Princípio da boa-fé objetiva. Recurso provido" (TJSP, 4ª Câmara de Direito Privado, Agravo de Instrumento nº 170.143-4/3-00-Avaré-SP, relator o Desembargador Jose Osório, julgado aos 9 de novembro de 2000, votação unânime)

[12] No mesmo rumo desse entendimento, Rogério Ferraz Donnini, anotando o posicionamento de Cláudia Lima Marques (Contratos no Código de Defesa do Consumidor. 2. ed., São Paulo: Revista dos Tribunais, 1995, p. 80), compreende que: "Infere-se, portanto, que na boa-fé objetiva é indispensável que as partes se respeitem e exista cooperação. E mais. É mister que haja um pensamento recíproco e consequentemente uma atitude para que seja facilitado o cumprimento da prestação, considerando os legítimos interesses das partes, seus direitos e expectativas, dentro de um critério de razoabilidade, com lealdade, sem lesão ou desvantagem acentuada ou excessiva, sem, enfim, qualquer abuso, para que ocorra efetivo adimplemento da obrigação assumida". (ob. cit. p. 70)

ASPECTOS DOS PRINCÍPIOS FORMADORES DO CÓDIGO CIVIL E DO DIREITO PRIVADO BRASILEIRO

E ainda preciso lembrar que, nos contratos administrativos, a manutenção do equilíbrio econômico-financeiro é princípio constitucional sedimentado, há longos anos, e que se justifica fazê-lo incidir também no direito privado. Por outro lado, deve-se salientar que a função social do contrato não deve ser interpretada como proteção especial do legislador em relação à parte economicamente mais fraca. (...) Significa tão-somente que a finalidade do contrato não deve ser distorcida no interesse de uma das partes e em detrimento da outra. No particular, a posição do direito civil é equilibrada e não se confunde com a adotada seja pelo direito do trabalho seja pelo direito do consumidor, como se verifica, aliás, ao analisar os efeitos tanto da boa-fé como da excessiva onerosidade[13].

Ainda nessa mesma problemática, não nos parece que a inclinação pelo social, abraçada largamente pela nova legislação civil, possa ser confundida com a adoção, por esta, de um perfil político-ideológico, do qual possam ser destacadas características socialistas – no seu entendimento mais específico de negação do direito de propriedade, e considerada em todos os seus desdobramentos – à interpretação dos contratos, das obrigações, da responsabilidade civil, e dos demais institutos jurídicos previstos pelo Novo Código Civil[14]. Dessa maneira, ao que pudemos

[13] WALD, Amoldo. As funções do contrato. São Paulo: Valor Econômico, edição nº 897, de 27 de novembro de 2003. Em sentido parelho, Paulo R. Roque A. Khouri observou que: "o novo Código não está se referindo à chamada boa-fé subjetiva, mas à boa-fé objetiva, já consagrada como princípio também no Código de Defesa do Consumidor. Pela boa-fé objetiva, tem-se um padrão objetivo de conduta, de lealdade, transparência e, ao contrário da subjetiva, o estado de ânimo, a intenção dos contratantes, não tem qualquer relevância". (O Direito Contratual no novo Código Civil Enfoque Jurídico. Suplemento do Informe do Tribunal Regional Federal da 1ª Região, edição de 16 de outubro de 2001)
Também sem discrepar, o Professor Renan Lotufo ressaltou que: "Se é verdade que não é possível ao Direito vedar, de forma absoluta, as contradições da conduta, pois a proibição seria, mais que uma abstração, um castigo, inibidor das potencialidades das surpresas, do imprevisto na vida humana, segundo Judith Martins-Costa, em A boa-fé no direito privado, p. 470; é verdade, também, que o Direito tem de proteger a boa-fé de quem, como contraparte, confiou no fato primeiro da parte declarante da vontade e passou a desenvolver a relação negocial, em função da confiança naquela declaração (factum)". (Código Civil Comentado. Volume 1. Parte Geral. São Paulo: Saraiva, 2ª edição, 2004, p. 502)
[14] Em elucidativo artigo em que se distinguiu exemplarmente tais situações, Daniel Martins Boulos, ao dissertar sobre a função social dos contratos no Novo Código Civil, pregou que "(...) neste ponto vale fazer uma advertência: "socializante" não quer dizer "socialista" e

compreender, a característica marcante do Novo Código foi a introdução em seu bojo da interpretação segundo o princípio da necessária obediência pela legislação privada da sua orientação a uma finalidade social a ser retirada da sua aplicação, rompendo-se com a tendência político-ideológico notadamente liberal da Legislação Civil de 1916[15].

Como procuramos explorar rapidamente nesta passagem inicial, o Novo Código Civil adotou como princípios basilares para a interpretação de seus dispositivos e, por via de consequência, das questões que possam ser tuteladas a partir da sua vigência, a prioridade dos interesses coletivos em relação aos interesses individuais, a necessária obediência à boa-fé objetiva (especialmente nas relações contratuais *ex vi* do disposto por seu artigo 422), o comportamento moral e ético nas relações privadas, buscando sempre o atendimento de uma determinada função social, relacionada de forma indissociável à incidência de seus dispositivos.

"socialidade" não pode ser confundida com "socialismo"". Esta distinção é absolutamente necessária para que a nova lei seja aplicada dentro do contexto jurídico no qual ela está estabelecida (contexto este que criou um Estado social, embora nitidamente capitalista) e segundo as concepções políticas e sociais que a inspiraram (arraigadas, justamente, na pretensão de tornar o direito civil mais justo e mais próximo do povo). Assim, a função social do contrato não visa exterminar a sua força vinculante, mas tão somente, torná-lo um instrumento que visa promover as trocas econômicas de forma mais justa, mas igualmente seguras. A segurança jurídica, tanto quanto a justiça, é elemento primordial para a sobrevivência do Estado (...)". (O princípio da função social do contrato no novo Código Civil. São Paulo: Valor Econômico, edição nº 842, de 11 de setembro de 2003). N'outra obra o mesmo autor não diverge desse pensamento ao pregar que: "A existência de uma esfera de atuação na qual os particulares, eles próprios, possam gerir os seus interesses com eficácia jurídica continua sendo a regra que decorre da própria razão da existência do Direito Privado, devendo ser repudiada, por maléfica, a intromissão excessiva do Estado na vida dos privados por meio da redução exacerbada do seu poder de autoconformarem relações jurídicas. Assim, o direito subjetivo, embora limitado, no seu exercício, pela boa-fé, pelos bons costumes e pela função econômica e social (art. 187), continua a privilegiar e atender, de forma imediata, ao interesse (privado) do respectivo titular". (A autonomia privada, a função social do contrato e o novo Código Civil – Aspectos Controvertidos do novo Código Civil – Escritos em homenagem ao Ministro José Carlos Moreira Alves, Coordenação de Arruda Alvim, Joaquim Portes de Cerqueira César e Roberto Rosas. São Paulo: Revista dos Tribunais, 2003, p. 127).

[15] O que pode ser extraído do Enunciado 23, aprovado na Jornada de Direito Civil, promovida pelo Conselho da Justiça Federal, em setembro de 2002, sob a Coordenação do Ministro Ruy Rosado de Aguiar, que resultou no seguinte entendimento: "A função social do contrato prevista no art. 421 do novo Código Civil não elimina o princípio da autonomia contratual, mas atenua ou reduz o alcance desse princípio, quando presentes interesses meta individuais ou interesses relativos à dignidade da pessoa humana".

Encerrando o tópico prefacial de nosso trabalho, vale reproduzir manifestação do Professor Miguel Reale, citado por Arnoldo Wald, que condensa, de forma clara e objetiva, o pensamento daquele que coordenou a gênese e o desenvolvimento do novo diploma legal privado, no que tange a principiologia da nova codificação civil em vigor:

> Quando entrar em vigor o novo Código Civil, perceber-se-á logo a diferença entre o código atual, elaborado para um país predominantemente rural, e que foi projetado para um a sociedade, na qual prevalece, em grande parte, a vida urbana. Haverá uma passagem do individualismo e do formalismo do primeiro para o sentido socializante do segundo, mais aberto às mutações sociais, com substancial mudança no paradigma jurídico-social.
>
> Além disso é superado o apego a soluções estritamente jurídicas, reconhecendo-se o papel que na sociedade contemporânea voltam a desempenhar os princípios de boa-fé e correção, para que possa haver real concreção jurídica. Socialidade e eticidade condicionam os preceitos do novo Código Civil, no qual desempenham grande papel as normas ou cláusulas abertas"[16].

---

[16] O novo Código Civil, citação de Arnaldo Wald, in A evolução do contrato no terceiro milênio e o novo Código Civil – Aspectos Controvertidos do novo Código Civil. (ob. cit. p. 59)

2. A Responsabilidade Civil no Novo Código – a Ampliação do Dever de Indenizar

2.1. As Inovações Relativas à Responsabilidade Civil no Novo Código Civil

O Código Civil de 2002 não chegou a romper com o enquadramento da responsabilidade civil prevista pelo diploma legal que o antecedeu[17]. Trouxe, contudo, algumas alterações de relevo, das quais destacamos, para os objetivos deste livro, a previsão da responsabilidade objetiva resultante do exercício de atividades consideradas perigosas ou de risco (conforme estabelecido pelo parágrafo único do seu artigo 927)[18]. Tema este que se insere no cerne da presente obra e que motivou o seu desenvolvimento.

A despeito de repetir alguns dispositivos constantes do código anterior, o novo Código Civil, assim como a regra geral da responsabilidade

---

[17] Nesse passo, Rui Stoco, em seu Tratado de Responsabilidade Civil, frisa que: "Como já afirmamos em outra oportunidade, no que pertine à responsabilidade civil, o Código Civil de 2002 mostrou-se comedido e conservador, não se podendo dizer que tenha ganho roupagem completamente nova, com o abandono da estrutura ao Código revogado. A maior parte dos preceitos ali contidos foi mantida, alguns apenas com alteração de redação, sem modificar a sua substância ou filosofia. Mas, como se verá, contém virtudes e alguns acréscimos importantes" (ob. cit. p. 114).

[18] No entender do Professor Carlos Roberto Gonçalves, a incidência da responsabilidade civil objetiva foi "sem dúvida, a principal inovação do novo Código Civil no campo da responsabilidade civil" (in Responsabilidade Civil. 7ª edição, São Paulo: Saraiva, 2002, p. 2.).

RESPONSABILIDADE CIVIL DOS ADMINISTRADORES E GESTORES DE FUNDOS DE INVESTIMENTO

– presente em seu artigo 186[19] – teve como virtude a melhor sistematização da matéria atinente à responsabilidade civil, constante do título IX, artigos 927 e seguintes, não se ocupando, entretanto, da definição de questionamentos doutrinários e jurisprudenciais pendentes como, por exemplo, o correlato à extensão e aos lindes do dano moral, criando nortes para a sua apuração e quantificação.

Além de prever expressamente a possibilidade de reparação do dano puramente moral (artigo 186)[20] e a responsabilização civil objetiva no desempenho de atividades de risco (parágrafo o único, artigo 927), o Novo Código Civil contemplou duas outras importantes conquistas que foram a tutela dos direitos da personalidade e da vida privada (artigos 12 e 21). Estes, quando violados, geram, pela intelecção do Código, o dever à indenização e, também, a possibilidade de responsabilização civil pelo exercício abusivo de um direito (artigo 187)[21].

Para Rui Stoco, ao considerar o abuso do direito como ato ilícito que gera para o infrator o dever de indenizar, o Novo Código Civil entregou à sociedade mais uma garantia de sua inviolabilidade e aos operadores do Direito, um instrumento poderoso no campo da reparação, caso, ainda assim, sejam cometidos abusos que causem danos de ordem material ou moral"[22].

---

[19] Com redação semelhante ao artigo 159 do Código Civil de 1916, acrescendo, no entanto, a possibilidade de ocorrência do dano puramente moral, com as seguintes palavras: "Aquele que, por ação ou omissão voluntária, negligência ou imprudência, violar direito e causar dano a outrem, ainda que exclusivamente moral, comete ato ilícito".

[20] Tal qual anotou o Desembargador Ênio Santarelli Zuliani: "O novo Código Civil é, nessa área, um livro aberto. O artigo 186, ao admitir a reparação do dano exclusivamente moral", sepultou restrições, de modo que pretensões que foram rejeitadas, como a de indenizar o usuário da Justiça (art. 5º, XXXV, da CF) pela demora injustificada de resolução de seu conflito, pela perturbação íntima que a ansiedade da espera provoca, poderá, finalmente, ser recepcionada, na esteira de estudos avançados e pioneiros, entre os quais se destaca o do advogado e Professor José Rogério Cruz e Tucci". (Reflexões sobre o novo Código Civil, São Paulo, Revista do Advogado, publicação da Associação dos Advogados de São Paulo, ano XXII, nº 68, dezembro/2002, p. 43)

[21] Na forma da redação do artigo 187 do Novo Código Civil, "também comete ato ilícito o titular de um direito que, ao exercê-lo, excede manifestamente os limites impostos pelo seu fim econômico ou social, pela boa-fé ou pelos bons costumes".

[22] In O novo Código Civil – Estudos em Homenagem ao Prof. Miguel Reale. São Paulo: LTr, 2003, p. 792 Coordenação de Domingos Franciulli Netto, Gilmar Ferreira Mendes e Ives Gandra da Silva Martins Filho.

A RESPONSABILIDADE CIVIL NO NOVO CÓDIGO – A AMPLIAÇÃO DO DEVER DE INDENIZAR

Se verificarmos o conteúdo normativo do dispositivo encerrado pelo artigo 187 do Novo Código Civil, concluiremos que não remanescem direitos absolutos no ordenamento privado, visto que o exercício de um direito não poderá extrapolar os limites impostos pelo fim econômico ou social que lhe correspondem. Tampouco não pode extrapolar a boa-fé objetiva informadora do Código, nem os bons costumes correlatos a esse direito.

Como bem ressaltou Ruy Rosado de Aguiar Junior, "essa talvez seja, do ponto de vista do Direito Obrigacional, a cláusula mais rica do Projeto, por reunir, em um único dispositivo, os quatro princípios básicos que presidem o sistema; o abuso de direito, o fim social, a boa-fé e os bons costumes. Bastaria acrescentar a ordem pública para tê-los todos a vista"[23].

Assim, mesmo que consideremos que o Novo Código Civil não implicou o rompimento radical com o sistema de responsabilização civil construído pelo Código de 1916, não é possível ignorar as relevantes mudanças trazidas pela nova legislação, principalmente as que, ao nosso ver, merecem maior destaque, que são a possibilidade da responsabilização civil objetiva nas atividades perigosas ou de risco, e a responsabilização civil derivada do exercício abusivo de um direito.

2.2. Da Responsabilidade – Noção Introdutória

A noção de responsabilidade advém do consenso social de que todos devem responder pela consequência de seus atos[24].

Tal consenso encontra arrimo no legítimo anseio de realização da Justiça. De sorte que não seria razoável conceber-se a possibilidade de uma pessoa não ser responsabilizada por seus atos, deixando sem qualquer resposta a parte lesada pela ação inadequada de outrem[25].

---

[23] In Projeto do Código Civil – As obrigações e os contratos. São Paulo: Revista dos Tribunais, 775/23, 2000.

[24] Nesse exato sentido, o saudoso Professor Silvio Rodrigues nos ensinou que "o princípio que informa a teoria da responsabilidade é justamente o que dispõe a quem causa dano o dever de reparar" (Direito Civil – responsabilidade civil. São Paulo: Saraiva, 11ª edição, 1987, volume 5, n.7).

[25] Não discrepa desse pensar a explanação de Rui Stoco, para quem "a noção de responsabilidade pode ser haurida da própria origem da palavra, que vem do latim respondere, respon-

Se assim fosse, no entender mediano de todo e qualquer cidadão, o ordenamento jurídico estaria prestigiando o mal agir, dada a inexistência da possibilidade de acionamento daquele que violou o dever de respeito e responsabilidade no que tange à condução de seus atos e negócios. Ao prestigiar o agir irresponsável, estaria o ordenamento jurídico, por outro prisma, incentivando a vingança privada, na medida em que a inexistência de responsabilização legal, pelo comportamento inadequado, também não geraria a subsequente reprimenda pela falta de revide estatal à atitude desconforme do agente ou do omisso. É de se ponderar, desse modo, que a ausência de responsabilidade reclamaria a necessidade constante de autotutela como mecanismo de defesa dos interesses não resguardados pela possibilidade de responsabilização daquele que os desrespeitasse. Neste contexto pouco civilizado, criar-se-ia uma sociedade tendente ao caos, pautada na inexistência de ordem constituída eficiente e capaz de responsabilizar os indivíduos por suas atitudes, sejam elas quais forem.

Contudo, como se sabe, a sociedade contemporânea encontra-se regulada por normas de cunho civil (voltada à tutela do dano privado), penal (centrada no restabelecimento do equilíbrio social perturbado) e administrativo (dirigida à regulação setorial pelo Estado), os quais buscam abranger o acerto do agir humano em todas as suas formas de manifestação, prevendo, outrossim, em caso de desrespeito dos valores prestigiados legalmente, a respectiva sanção[26], com vistas a

---

der a alguma coisa, ou seja, a necessidade que existe de responsabilizar alguém por seus atos danosos.

[26] Seguindo esse entendimento, Milton Paulo de Carvalho, citado por Rui Stoco (op. cit. p. 119/120), conceituou a responsabilidade como "o conjunto de princípios e normas que disciplinam a obrigação de reparar o dano resultante do inadimplemento de um contrato, da inobservância de um dever geral de conduta ou, nos casos previstos em lei, mesmo da prática de ato lícito". Essa imposição estabelecida pelo meio social regrado, através dos integrantes da sociedade humana, de impor a todos o dever de responder por seus atos, traduz a própria noção de Justiça existente no grupo social estratificado. Revela-se pois com o algo inarredável da natureza humana. Do que se infere que a responsabilização é meio e modo de exteriorização da própria Justiça a responsabilidade é a tradução para o sistema jurídico do dever moral de não prejudicar o outro, ou seja, neminem laedere". (Tratado de Responsabilidade Civil, São Paulo, RT, 6ª edição, 2004, p. 118).

alcançar, tanto quando possível, o retorno ao *status quo ante* da realização do evento danoso[27].

Sendo assim, a vida em sociedade nos impõe a obrigação de aceitar a submissão à responsabilidade jurídica, decorrente de nossas ações ou omissões, capazes que são de prejudicar o próximo, ainda que, nos casos previstos expressamente por lei, decorram de um agir conforme as normas vigentes.

No ambiente acima considerado, passamos, ao nos relacionar em sociedade, a possuir um *dever primário* de respeito ao Direito Positivado, e um dev*er secundário* ou *sucessivo* consistente na obrigação de indenizar o prejuízo decorrente do desrespeito daquele dever *primário*. É essa a estrutura jurídica que, em tese, permite o convívio salutar dentro de uma sociedade tida como organizada, e que procura contemplar, dentro de um senso comum de Justiça, os reclamos das vítimas de situações indesejadas ou injustas e com potencial de geração de prejuízos materiais, sociais ou mesmo não patrimoniais, gerando não só a expectativa de responsabilização por danos que venham a ser experimentados, como, também, a segurança jurídica necessária ao desenvolvimento de todas as atividades, pela credibilidade passada aos cidadãos de que o desrespeito à lei, ou mesmo a uma convenção, será objeto da respectiva reprimenda legal.

2.3. Dos Atos Jurídicos Lícitos, Ilícitos, e Daqueles Praticados com Abuso de Direto

2.3.1. *Dos Atos Jurídicos Lícitos*

O Novo Código Civil não conceituou diretamente em que consistiriam os atos jurídicos, definindo apenas que aos atos jurídicos lícitos, que não

---

[27] Conforme José Cretella Jr. "desdobrada em modalidades diversas, filiadas ao protótipo comum categorial, a responsabilidade jurídica é uma, típica, reunindo sempre, em essência, a entidade personativa, que se projetou ou se omitiu no mundo das normas jurídicas, quebrando-as e provocando o dano, a convulsão maior ou menor no sistema, exigir imediata recomposição do equilíbrio atingido. Envolve a responsabilidade jurídica, desse modo, a pessoa que infringe a norma, a pessoa atingida pela infração, o nexo causal entre infrator e infração, o prejuízo ocasionado, a sanção aplicável e a reparação, consistente na volta ao *status quo ante* da produção do dano." (O Estado e a Obrigação de Indenizar. São Paulo: Saraiva, 1980, p.7-8)

sejam negócios jurídicos, aplicam-se, no que couber, as disposições do Título anterior (art. 185). Dessa redação, o que se extrai é que os atos jurídicos lícitos, não definidos pelo Código, seriam, por dedução lógica, justamente aqueles não tidos como atos ilícitos (art. 186), e que a sua disciplina, no possível, dar-se-á de acordo com a tutela outorgada aos negócios jurídicos (presente no Título II do Novo Código Civil).

Preferiu, nessa linha, o Novo Código conferir noção residual aos atos jurídicos, técnica esta contrária à correspondência legislativa encontrada no Código Civil de 1916, segundo o qual, conforme emanava de seu art. 81, "ato jurídico é o ato *lícito* que tenha por fim imediato adquirir, resguardar, transferir, modificar ou extinguir direitos. É pois manifestação livre do agente, de conformidade com sua vontade, isenta de qualquer ameaça ou coação e informada de boa-fé"[28].

Sendo assim, considera-se como ato jurídico lícito todo aquele ato que não possa, dentro da sistemática adotada pelo código, ser considerado como ato ilícito, estando dessa forma, fora do universo da juridicidade, e que, ao nosso ver, não esteja englobado por atos, também vetados pelo Código, praticados com abuso de direito (art. 187).

Por outro lado, compreendemos que os atos jurídicos lícitos, em razão do disposto pelo artigo 185 do Novo Código Civil, também deverão submeter-se aos princípios atinentes aos negócios jurídicos, devendo, dessa maneira, estar informados pela boa-fé objetiva, pela moral e ética, e pelo atendimento, no que couber, a uma determinada função social.

Nesta mesma orientação, o Professor Nelson Nery Junior anotou que "(...) O CC 15 permite, nos limites da natureza jurídica dos atos ilícitos, que se apliquem a eles regramentos dos negócios jurídicos. Os contratos são negócios jurídicos bilaterais e quanto a eles, especificamente, vige a norma do CC 421, que prescreve: "A liberdade de contratar será exer-

---

[28] STOCO, Rui ob. at. p. 122. Para o mesmo Autor, "o Código Civil de 2002 não conceituou expressamente o ato jurídico, embora tenha conceituado o ato ilícito, significando que o teria feito a *contrário sensu*, técnica pouco recomendada quando se cuida de tema de extrema importância". Acrescenta, com o que estamos plenamente conformes que "nem a rubrica nem o enunciado do art. 15 se nos afiguram adequados. Pareceu-nos equívoco criar um título denominado *Dos Atos Jurídicos Lícitos*, como se fosse possível existir ato jurídico não lícito, sabido – porque comezinho e verdadeiro truísmo – que o ato ilícito não é ato jurídico, mas a sua antítese, verdadeira *contraditio in terminis*. A expressão "ato jurídico licito" tem aparência redundante e traduz equívoco conceitual". Op. cit. p. 122.

A RESPONSABILIDADE CIVIL NO NOVO CÓDIGO – A AMPLIAÇÃO DO DEVER DE INDENIZAR

cida em razão e nos limites da função social do contrato", impondo-se aos contratantes a obrigatoriedade de guardar, na conclusão e na execução do contrato, os princípios de probidade e de boa-fé (CC 422). A parte prejudicada pode eventualmente postular a adequação do ato lícito aos princípios da probidade e da boa-fé. Essa interpretação ganha reforço quando se leva em conta que uma das causas de ilicitude do ato é a circunstância de ele exceder manifestamente aos limites impostos pelo seu fim econômico ou social, pela boa-fé ou pelos bons costumes (CC 187)"[29].

2.3.2. *Dos Atos Ilícitos*

Diferentemente dos atos jurídicos lícitos, o Novo Código Civil conceituou os atos ilícitos por intermédio do seu artigo 186, da seguinte forma: "Aquele que, por ação ou omissão voluntária, negligência ou imprudência, violar direito e causar dano a outrem, ainda que exclusivamente moral, comete ato ilícito".

Nesse ponto, nota-se que o Novo Código alterou basicamente a redação do antigo Código – "Art. 159. Aquele que, por ação ou omissão voluntária, negligência ou imprudência, violar direito, ou causar prejuízo a outrem, fica obrigado a reparar o dano" – ao agregar a possibilidade, já contemplada expressamente por outros diplomas legais (v.g. da própria Constituição Federal), de reparação do dano exclusivamente moral. Também se prestou o artigo 186 do novo Código a corrigir a redação do antigo Código no que tange à necessidade da reparação do dano resultar da ação ou omissão voluntária, negligência ou imprudência, que efetivamente cause um dano. Isso porque na redação anterior, a disjuntiva final "**ou**" sugeria a possibilidade do dano decorrer da ação, omissão, negligência ou imprudência, que violasse direito "**ou**" que causasse prejuízo a outrem. Este raciocínio, no entanto, não era abraçado pela doutrina, tampouco pela jurisprudência[30], dado o consenso

---

[29] Ob. cit. p. 238.

[30] "A responsabilidade civil define-se como obrigação que pode incumbir uma pessoa a reparar o prejuízo causado a outra, por fato próprio, ou de pessoas ou coisas que dela dependam. (...) É claro, porém, que a obrigado de indenizar está submetida a alguns requisitos, cuja falta pode causar a inexistência do dever, quais sejam: ação ou omissão do agente, culpa do agente, relação de casualidade, dano causado pela vítima" (Tribunal de Justiça do Estado do

RESPONSABILIDADE CIVIL DOS ADMINISTRADORES E GESTORES DE FUNDOS DE INVESTIMENTO

já pacificado de que a reparação de um dano somente pode ser ocasionada pelo agir culposo ou doloso que causasse prejuízo[31], sendo o dano elemento imprescindível da configuração do dever de prestar indenização[32].

Em que pese a correção trazida pelo novo estatuto civil, críticas surgiram à redação do artigo 186 que, ao conceituar o ato ilícito, acabou inserindo como elemento à sua configuração a efetivação de um dano. Como visto alhures, a concretização de um dano constitui elemento fundamental ao dever de indenizar, o que não se confunde com a necessidade de uma ação ou omissão causar dano para ser considerada como ilícita. Basta, ao nosso sentir, que dita ação ou omissão voluntária, negligente ou imprudente viole um direito[33].

Aludida confusão terminológica pareceu-nos ter sido solucionada pelo próprio Código, pois se atentarmos para a redação de seu artigo 927, *caput* veremos que o dever de indenizar encontra-se bem demar-

---

Rio de Janeiro, 1ª Câmara, Apelação nº 6448/97, relator o Desembargador Amaury Arruda de Souza, julgamento de 07 de julho de 1997).

[31] Como bem ressaltado pelo Professor Silvio Rodrigues: "Princípio geral de direito, informador de toda a teoria da responsabilidade, encontradiça no ordenamento jurídico de todos os povos civilizados e sem o qual a vida em social é inconcebível, é aquele que impõe, a quem causa dano a outrem, o dever de o reparar" (Ob. cit. Responsabilidade Civil, p. 13).

[32] "Danos à capacidade auditiva. Danos materiais. Práticas reiteradas do empregador que evidenciam sua desídia no cuidado para com os empregados. Concedida a indenização nos limites da restrição laboral que o autor sofreu em virtude dos danos à sua capacidade auditiva" (Extinto Segundo Tribunal de Alçada Civil do Estado de São Paulo, 10ª Câmara, Apelação nº 597703-0/0, relatora a Juíza Rosa Maria de Andrade Nery, julgada aos 04 de abril de 2001).

[33] Flávio César de Toledo Pinheiro, ao analisar tal problemática, assim posicionou-se: "A leitura do art. 186 do novo Código Civil, que deverá entrar em vigor em janeiro de 2003, sugere uma nova definição de ato ilícito, que se afasta do racional, do natural e conduz ao absurdo de considerar ato ilícito somente a violação de direito que cause dano (...). Jamais a doutrina brasileira condicionou a violação de direito à existência de dano ou prejuízo". (in *Erro de Impressão ou Aberração Jurídica*? Caderno Especial Jurídico, Tribuna da Magistratura, Associação Paulista de Magistrados, Ano XIV, n. 121, 2002). Em sentido diverso, encontramos a Professora Maria Helena Diniz para quem "Para que se configure o ato ilícito, será imprescindível que haja: a) fato lesivo voluntário, causado pelo agente, por ação ou omissão voluntária, negligência ou imprudência; b) ocorrência de um dano patrimonial ou moral, sendo que pela Súmula 37 do Superior Tribunal de Justiça serão cumuláveis as indenizações por dano material e moral decorrentes do mesmo fato; c) nexo de causalidade entre o dano e o comportamento do agente". (Novo Código civil Comentado, Coordenação de Ricardo Fiúza, São Paulo: Saraiva, 2002, p. 184) (negrito nosso).

cado como decorrente do **ato ilícito** que **causa dano**. Confira-se: *"aquele que, por ato ilícito (arts. 186 e 187), causar dano a outrem, fica obrigado a repará-lo".* Visualizamos assim, claramente individualizada, a configuração do ato ilícito e a necessidade da presença do dano enquanto elementos fundamentais ao dever de indenizar.

Com destaque, o principal a se registrar nesta passagem é que o artigo 186 do Novo Código Civil, ao qualificar o ato ilícito, acabou destacando a *responsabilidade civil subjetiva*, fundada na *teoria da culpa*, como regra geral para o dever de indenizar. Assim concluímos, porque a previsão para a reparação de danos (art. 927, *caput*)[34] deriva incondicionalmente de um ato ilícito[35] que, por sua vez, reclama a presença da culpa ou do dolo do agente causador para a sua configuração. Tal tópico será, adiante, objeto de análise mais aprofundada.

2.3.3. *Dos Atos Praticados com Abuso de Direito*

Na forma há pouco ressaltada, uma das mais relevantes conquistas do Novo Código Civil foi a possibilidade de responsabilização civil decorrente do exercício abusivo de um direito. Tal previsão encontra-se detalhada pelo artigo 187 do novo Código, que qualificou o abuso de direito como ato ilícito próprio, assim descrevendo-o: "Também comete ato ilícito o titular de um direito que, ao exercê-lo, excede manifestamente os limites impostos pelo seu fim econômico ou social, pela boa-fé ou pelos bons costumes"[36].

De sorte que, aquele que ao exercer um direito, exceder, extrapolar, transbordar os limites inerentes à finalidade econômica ou social, pela boa-fé ou pelos bons costumes pertinentes ao direito exercido, praticará ato ilícito, denominado legalmente de abuso de direito[37]. Da inte-

---

[34] Artigo 927, caput. "Aquele que, por ato ilícito (arts. 186 e 187), causar dano a outrem, fica obrigado a repará-lo".

[35] A exceção a ser estudada mais adiante, refere-se à possibilidade, também prestigiada pelo Novo Código Civil, da responsabilidade civil objetiva (art. 927, parágrafo único do Novo Código), da qual independe a apuração da culpabilidade do agente para aferir o surgimento do dever indenizatório.

[36] Verificamos, nesse particular, que o artigo 187 do Novo Código Civil possui redação equivalente ao artigo 334 do Código Civil Português.

[37] Para Nelson Nery Junior e Rosa Maria de Andrade Nery o abuso de direito "ocorre quando o ato é resultado do exercício *não regular* do direito (CC 188 I *in fine*, a *contrário sensu*). No ato abusivo há violação da finalidade do direito, de seu espírito, violação essa aferível

lecção do dispositivo em estudo, visualizamos que o ilícito decorrente do abuso de direito corresponderia à prática de um ato jurídico lícito (art. 185), caso não fosse verificado que tal exercício, aparentemente e inicialmente lícito, não se transformara em ilícito, quando da extrapolação pautada no desvio da finalidade legalmente prestigiada para tal direito.

Ainda sobre o tema, a doutrina tem discutido se a configuração do ato ilícito descrito pelo artigo 187 do Novo Código Civil exige a apuração da culpa ou do dolo do agente para a sua caracterização – sugerindo daí sua caracterização *subjetiva* –, ou se o ato ilícito constante do citado artigo possui natureza *objetiva*.

objetivamente, independentemente de dolo ou culpa (Alvino Lima, Culpa e risco, 2ª ed., n. 48, p. 252; Alvino Lima, RF 166/25; Jornada STJ 37). Distingue-se do ato ilícito do CC 186, porque neste se exige a culpa para que seja caracterizado. Ambos são ilícito, mas com regimes jurídicos diferentes". (Ob. cit. p. 255). No que não discrepa Silvio de Salvo Venosa, para quem "a noção é supralegal. Decorre da própria natureza das coisas e da condição humana. Extrapolar os limites de um direito em prejuízo do próximo merece reprimenda em virtude de consistir em uma violação de princípios e finalidades da lei e da equidade (...) aquele que transborda os limites aceitáveis de um direito aceitáveis o prejuízo, deve indenizar" (Abuso de Direito. São Paulo: Revista da Faculdade de Direito das Faculdades Metropolitanas Unidas de São Paulo, 1988, p. 252). Do comentário da Professora Mana Helena Diniz, também facilitada fica a visualização do abuso de direito: "O uso de um direito, poder ou coisa, além do permitido ou extrapolando as limitações jurídicas, lesando alguém, traz como efeito o dever de indenizar. Realmente, sob a aparência de um ato legal ou lícito, esconde-se a ilicitude no resultado, por atentado ao princípio da boa-fé e aos bons costumes ou por desvio de finalidade sócio econômica para a qual o direito foi estabelecido" (Novo Código Civil Comentado, Coordenação de Ricardo Fiúza, São Paulo: Saraiva, 2002, pág. 185).

Antes mesmo da inovação trazida pelo Novo Código Civil, a jurisprudência já vinha coibindo atos praticados com abuso de direito, confira-se:

"Configuram abuso de direito o saque e a tentativa de protesto de letra de câmbio, sem que exista direito cambial a ser resguardado" (RJTJRS 29/298).

"Age com abuso de direito e viola a boa-fé o banco que se cobra, invocando cláusula contratual constante do contrato de financiamento, lançando mão do numerário depositado pelo correntista em conta destinada ao pagamento dos salários de seus empregados, cujo numerário teria sido obtido junto ao BNDES. A cláusula que permite esse procedimento é mais abusiva do que a cláusula mandato, pois, enquanto esta autoriza apenas a constituição do título, aquela permite a cobrança pelos próprios meios do credor, nos valores e no momento por ele escolhidos" (Superior Tribunal de Justiça, 4ª Turma, Recurso Especial n. 250523-SP, Relator o Ministro Ruy Rosado de Aguiar, v.u., julgada aos 19 de outubro de 2000, DJU 18 de dezembro de 2000, RSTJ 145/446).

A RESPONSABILIDADE CIVIL NO NOVO CÓDIGO – A AMPLIAÇÃO DO DEVER DE INDENIZAR

Na nossa opinião, a descrição do ato ilícito constante do artigo 187, por mais que se pregue o contrário, possui concepção *objetiva*. Assim pensamos, pois de todos os caracteres que compõe o ato ilícito por abuso de direito nenhum deles remete à verificação da culpabilidade por parte da conduta legalmente vedada.

Vê-se que exceder os limites impostos pelo fim econômico ou social, pela boa-fé ou pelos costumes referentes ao exercício de um dado direito, não reclama o agir consciente ou positivamente volitivo do seu titular.

Na esteira desse entendimento, Nelson Nery Junior e Rosa Maria de Andrade Nery elaboraram a tese de que: "A norma comentada imputa ao ato abusivo a natureza de *ilícito*. Tendo em vista suas próprias peculiaridades, não se assemelha ao ato ilícito do CC 186, assim considerado pela lei para fins de reparação do dano por ele causado. O ato abusivo pode, até, não causar dano e nem por isso deixa de ser abusivo. A *ilicitude* do ato cometido com abuso de direito é de natureza *objetiva* aferível independentemente de dolo ou culpa. "A concepção adotada de *abuso de direito* é a *objectiva*. Não é necessária a *consciência* de se excederem, com o seu exercício, os limites impostos pela boa-fé, pelos bons costumes ou pelo fim social ou econômico do direito; basta que excedam seus limites" (Pires de Lima-Antunes Varela, *CC Anot.*, v. I, coment. 1 CC português 334, p. 298)"[38].

No mesmo rumo, nas Jornadas de Direito Civil promovida em Brasília em setembro de 2002 pelo Conselho da Justiça Federal e pelo Superior Tribunal de Justiça, formulou-se o enunciado nº 37, com relatoria de Adalberto Pasqualotto, com a seguinte dicção: "A responsabilidade civil decorrente do abuso do direito independe de culpa, e fundamenta-se somente no critério objetivo-finalístico"[39].

---

[38] Ob. Cit.p.187.

[39] Desse entendimento já comungavam Silvio de Salvo Venosa, ob. cit. p. 252, e o Magistrado Cláudio Soares Levada, que ressaltou: "A doutrina tem sido massiva em vislumbrar na nova norma modalidade de ilícito objetivo, isto é, a ser aferido em razão das consequências do ato em si, sem preocupações com a intenção de o agente causar ou não dano deliberado à vítima. Trata-se de mero exame o eventual desvio de finalidade da lei (social ou econômica), ou ainda aos deveres impostos pela chamada boa-fé objetiva, como os de lealdade ou colaboração. Não é preciso, repita-se, intenção de causar dano por parte do ofensor". (in O abuso do direito e o art. 1228, § 2º, do mesmo Código Civil. Tribuna da Magistratura. Caderno Especial, Associação Paulista de Magistrados, ano 14, n. 124, 2002, p. 5).

Vozes não desprezíveis destoam desse posicionamento, pregando que a necessidade de coibição do abuso de direito remete à noção de reprovação de uma conduta indevida, e se o senso de reprovação se encontra presente, tal conduta certamente deverá vir temperada pela culpa ou pelo dolo do agente.

Nessa linha de ideias, o elemento subjetivo corresponderia justamente à necessidade de reprovação da atitude consciente de que, estando contaminada pelo abuso de direito, poderia causar mal. Mesmo assim, o agente assume o risco de provocar o resultado danoso, proveniente da extrapolação do exercício lícito do direito, ou mesmo deixa de prevê-lo, quando era de rigor.

Também se pondera que a regra geral estabelecida pelo novo Código Civil é a da responsabilidade subjetiva, uma vez que o disposto pelo artigo 187 refere-se à definição do ato ilícito referido pelo artigo 186, onde se condicionara o dever de reparar ao prévio estudo da culpabilidade do agente[40].

Compreendemos, contudo, conforme exposto aqui, que o Novo Código Civil, ao disciplinar os atos praticados com abuso de direito, acabou adotando a concepção objetiva, visto que não exigiu para a configuração do referido ato ilícito o exame da presença do elemento culpabilidade, o que também nos permite concluir que o ato ilícito previsto pelo artigo 186 do Código contempla instituto jurídico diverso daquele disciplinado pelo artigo 187 que o sucede.

Sublinhe-se do exposto na presente passagem que o novo Código Civil – divergindo do Código Civil revogado, que apenas sugeria o abuso de direito a partir da interpretação a *contrário sensu* de seu artigo 160, inciso I, ao qualificar como ato lícito aquele praticado em legítima defesa ou no exercício regular de um direito reconhecido[41] – estabeleceu o abuso

---

[40] Assim se posicionando, encontramos Rui Stoco, em seu Tratado de Responsabilidade Civil, São Paulo: RT, 6ª edição, 2004, p. 126-127, e Rubens Limongi França in Responsabilidade Civil e abuso de direito. Revista do Advogado, n. 19, p. 40. Em rumo idêntico, o Código Civil alemão (BGB), cf. art. 226.

[41] No novo Código Civil, o artigo 188 também cuidou da exclusão dos atos ilícitos, estabelecendo, em seu inciso I, que "não constituem atos ilícitos: I – os praticados em legítima defesa ou no exercício regular de um direito reconhecido". Na definição dos Professores Nelson Nery Junior e Rosa Maria de, Andrade Nery, o exercício regular de um direito, hipótese excludente de ato ilícito, é a utilização do direito sem invadir a esfera do direito de outrem.

A RESPONSABILIDADE CIVIL NO NOVO CÓDIGO – A AMPLIAÇÃO DO DEVER DE INDENIZAR

de direito como figura normativa própria, a ser seguida estritamente quando do desempenho de qualquer atividade que integre as relações privadas. Frise-se, outrossim, que a relevância dada ao instituto foi tamanha, que o legislador, procurando alargar ao máximo a viabilidade de tutela da vítima do exercício excessivo de um direito, não exigiu a presença da conduta culposa ou dolosa quando da responsabilização de quem extrapola os limites legalmente plausíveis de um direito.

2.4. Do Surgimento do Dever de Indenizar

Nos moldes do que acabamos de delinear, qualquer sistema jurídico organizado tem como uma de suas missões coibir a prática de atos não lícitos, outorgando, por outro lado, a possibilidade da devida compensação àquele que lesado for pela conduta indevida[42], sem esquecer-se de impor ao agente causador da lesão o correspondente castigo.

Referido postulado traz à tona conceitos já analisados e outros que passaremos a analisar, mais especificamente o surgimento do dever de indenizar decorrente da prática de atos contrários ao direito, quando

---

É não prejudicar o direito de outrem, independentemente de causar dano. Só exerce regularmente seu direito aquele que não prejudica direito de outrem. (Ob. cit. p. 258).

[42] Como destacado pelo Professor Renan Lotufo: "o ato ilícito faz nascer para quem teve seu direito violado e sofreu o dano, ainda que meramente moral, o direito de ver reparado tal dano, mediante um sistema de reação do Direito. No caso de violação, nasce para o titular do direito a pretensão da reparação (art. 189, 1ª parte), por estar, quem causa dano por ato ilícito, responsabilizado, isto é, obrigado a reparar (art. 927, caput). (...) Não interessa só o ressarcimento da vítima, mas prepondera tal ótica, que começou a sofrer abalos maiores justamente em razão do denominado dano moral e dos princípios da eticidade e da socialidade, que permitem sancionar com finalidade social, como se vê do parágrafo único do art. 883". (Ob. cit. p. 496-497). Conforme o ensinamento deixado pelo Professor Carlos Alberto Bittar "o ser humano, porque dotado de liberdade de escolha e de discernimento, deve responder por seus atos. A liberdade e a racionalidade, que compõem a sua essência, trazem-lhe, em contraponto, a responsabilidade por suas ações ou omissões, âmbito do direito, ou seja, a responsabilidade é corolário da liberdade e a racionalidade. (...) Isso significa que, em suas interações na sociedade, ao alcançar direito de terceiro, ou ferir valores básicos da coletividade, o agente deve arcar com as consequências, sem o que impossível seria a própria vida em sociedade. Nasce, assim, então, a teoria da responsabilidade. (...) Deve, pois, o agente recompor o patrimônio (moral ou econômico) do lesado ressarcindo-lhe os prejuízos acarretados, à custa do seu próprio, desde que presente a subjetividade no ilícito" (Responsabilidade civil nas atividades perigosas – Responsabilidade Civil – Doutrina e Jurisprudência. Coordenação de Yussef Said Cahali. São Paulo: Saraiva, 2ª edição, 1988, p. 93-95).

efetivamente se verificar a existência de danos e a estrita correlação entre estes e o agir desconforme a lei ou a uma convenção[43].

Tal qual verificamos, a prática de um ato ilícito, e até mesmo a não ocorrência de um ilícito, em determinadas situações específicas, pode ensejar o dever de indenizar, desde que decorram deste agir ou omitir danos materiais ou morais. Sendo assim, dois novos elementos surgem ao nosso estudo, quais sejam: (i) a ocorrência efetiva de danos; e (ii) a existência de relação entre estes danos e a atitude desconforme do agente[44].

Pelo primeiro elemento, somente a ocorrência efetiva e demonstrada de danos poderá gerar ao lesado a oportunidade e a possibilidade de reclamá-los em desfavor do agente.

Consequentemente, ainda que o agir desconforme esteja presente, se danos não forem ocasionados, não haverá que se falar no dever de indenizar. Tal preposição nos parece de clara obviedade se retomarmos a noção introdutória da responsabilidade civil, como instituto que visa primordialmente a recomposição do lesado à situação anterior ao dano experimentado, sem o que não teria razão de ser deixar alguém indene.

Em que pese tal clareza[45], em casos concretos, a questão da demonstração da existência e da extensão do dano é de grande relevância na perquirição do dever de reparar e da sua respectiva extensão econômica. Justamente por, não raras vezes, deparar-se o Poder Judiciário com demandas pleiteando a fixação de indenizações sem que se demonstre e prove a ocorrência de danos, ou mesmo de danos que sejam compatíveis com a extensão monetária do pedido deduzido[46]. Necessário se faz aqui

---

[43] O mestre José Cretella Junior assim elencou os pressupostos necessários ao surgimento do dever de reparar: "a) aquele que infringe a norma; b) a vítima da quebra; c) o nexo causal entre o agente e a irregularidade; d) o prejuízo ocasionado – o dano – a fim de que se proceda à reparação, ou seja, tanto quanto possível, ao reingresso do prejudicado no status econômico anterior ao da produção do desequilíbrio patrimonial." (ob. cit. p.5).

[44] Nesse sentido: "Somente danos diretos e efetivos, por efeito imediato do ato culposo, encontram no Código Civil suporte de ressarcimento. Se dano não houver, falta matéria para a indenização. Incerto e eventual é o dano quando resultaria de hipotético agravamento da lesão". (Tribunal de Justiça o Estado de São Paulo, 1ª Câmara de Direito Privado, Relator o Desembargador Octávio Stucchi, cf. RT 612/44)

[45] Presente na redação, bastante objetiva, do artigo 927, caput, do Código Civil – "Aquele que, por ato ilícito (arts. 186 e 187), causar dano a outrem, fica obrigado a repará-lo".

[46] Nesse rumo, confira-se: "Indenização. Responsabilidade Civil. Protesto de título pago. Cancelamento promovido pelo próprio estabelecimento bancário responsável. Prejuízo não

abrir um parêntese para mencionar aquelas ações em que se postula a condenação em indenizações por danos morais, e nas quais dificilmente será possível a produção da prova cabal do dano moral – dano esse absolutamente de cunho psicológico e amplamente subjetivo – e da sua respectiva extensão ao lesado. Tem entendido a doutrina que, em sendo a vítima pessoa física, prevalece a presunção de ocorrência do dano. Já no que se refere ao dano moral experimentado pela pessoa jurídica, tal presunção não tem sido absolutamente acolhida pela doutrina e pela jurisprudência, nos parecendo razoável a exigência de que a pessoa jurídica demonstre em que a sua reputação, a sua imagem, no mercado relevante explorado, foi atingida pelo agir irregular[47].

comprovado. Ação improcedente. Recurso não provido". (Tribunal de Justiça do Estado de São Paulo, 3ª Câmara, Relator o Desembargador Evaristo dos Santos, in RTJTJSP 64/104). Sem divergir: "Não restando provada a ocorrência do efetivo prejuízo, que teria sido causado pela alegada culpa do banco, descabe a indenização. A falta de demonstração do dano determina a improcedência da ação". (Tribunal de Justiça do Estado de São Paulo, 5ª Câmara, Apelação nº 135.344-1, Relator o Desembargador Amaral Vieira, in RJTJSP132/166). No mesmo vértice, a doutrina de Aguiar Dias: "(...) O prejuízo deve ser certo. É a regra essencial da reparação. Com isso, se estabelece que o dano hipotético não justifica reparação" (Repertório Enciclopédico do Direito Brasileiro, Carvalho Santos e Colaboradores, n. 14, p. 221). No Direito Italiano, também se faz presente tal postulado: "se il danno manca, manca la matéria del resarcimento" (Giorgi in Teoria delle obligazioni nel moderno diritto italiano, Firenze, 1907, v.2, p. 137. Citado por Rui Stoco em seu Tratado de Responsabilidade Civil. ob cit. p. 645). No que compreendemos, em nossa tradução livre, que se o dano falta, não se apresenta falta o suporte para o ressarcimento.

[47] No entender do eminente Professor Yussef Said Cahali: "Pelo menos quando se trata de dano moral padecido pela pessoa física em razão do abalo de crédito decorrente de protesto indevido de título, tem prevalecido na jurisprudência o princípio geral da presunção do dano (...), afirmando-lhe a desnecessidade de uma demonstração específica, porquanto ela é inerente ao próprio evento: é fato notório e independe de prova que um protesto, comprovadamente indevido, acarreta transtornos para a pessoa na sua vida em sociedade, ocasionando-lhe perturbação nas relações psíquicas, na tranquilidade, nos sentimentos, nos afetos, na autoestima, no conceito e na credibilidade que desfruta entre as demais pessoas de seu círculo de relações; (...) Tratando-se, porém, de "dano moral" consequente do "abalo de crédito" reclamado pela pessoa jurídica ou coletiva (...) ainda divergem os tribunais quanto à necessidade da respectiva demonstração (...)". (Dano Moral, São Paulo, Editora Revista dos Tribunais, 2ª edição, 2ª Tiragem, 1998, p. 398-399). Em rumo similar encontramos Antônio Jeová Santos, in Dano Moral Indenizável, Editora Lejus, 2ª edição, 1999, p. 112 e seguintes, e Carlos Alberto Bittar, in Reparação Civil por Danos Morais, Editora Revista dos Tribunais, 3ª edição, 1999, p. 117 e seguintes. A jurisprudência segue o mesmo caminho, conforme: "Indenização – Dano Moral – Serviços de proteção ao crédito – Inclusão de informações

Essa preocupação foi inclusive captada pelo artigo 944 do Novo Código Civil ao pregar que *a indenização mede-se pela extensão do dano*", previsão legal que inexistia no Código Civil de 1916, mas que decorria da própria hermenêutica extraída da normatização aplicável à responsabilidade civil[48], agora guindada à condição de determinação legal a ser regiamente observada como regra de julgamento de qualquer pleito indenizatório.

Ao lado da comprovação da ocorrência do dano, como dissemos, deverá restar demonstrada a presença do nexo de causalidade entre o ato gerador e o prejuízo suportado pela respectiva vítima.

Destarte, não bastará à configuração do dever reparatório a ocorrência de um ato não lícito, ou mesmo lícito, e um evento danoso, material ou moral. Deverá estar demarcado o elo de ligação entre a conduta do agente e o dano reclamado pela vítima, de modo a não deixar dúvidas de que o dever de indenizar decorre unicamente da atitude repudiada pelo ordenamento civil vigente, ou melhor, que esteja claro que o dano não ocorreria, se a atitude desconforme não houvesse acontecido.[49]

---

referentes à inadimplência de devedor enquanto se discute judicialmente o débito – Prova de abuso de direito ou repercussão prejudicialmente moral – Inexistência – Descabimento. No plano do dano moral não basta o fato em si do acontecimento, mas, sim, a prova de sua repercussão, prejudicialmente moral." (Extinto Segundo Tribunal de Alçada Civil do Estado de São Paulo, Apelação nº 553255.00/9, 2ª Câmara, Relator o Juiz Gilberto dos Santos, julgamento aos 30 de agosto de 1999).

[48] O que encontramos na doutrina de Clóvis Couto e Silva, ao destacar que a indenização, por meio da aplicação exacerbada do seu efeito reparatório, acabe se desvirtuando, colocando a vítima em situação econômica mais favorável do que aquela que desfrutava anteriormente ao evento danoso (O Conceito de dano no direito brasileiro e comparado. São Paulo: Editora Revista dos Tribunais, 1991, n. 1.4, p. 11).

[49] Conforme advertia o Professor Caio Mário da Silva Pereira, a configuração do nexo de causalidade é "o mais delicado dos elementos da responsabilidade civil e o mais difícil de ser determinado. Aliás, sempre que um problema jurídico vai ter na indagação ou na pesquisa da causa, desponta a sua complexidade maior. Mesmo que haja culpa e dano, não existe obrigação de reparar, se entre ambos não se estabelecer a relação causal. Como explica Geneviève Viney, cabe ao jurista verificar se entre os dois fatos conhecidos (o fato danoso e o próprio dano) existe um vínculo de causalidade suficientemente caracterizado' (*Traité de droit civil* a cargo de Jacques Ghestin, Les obligatums, responsabilité civile, n. 333, p. 406)" (Responsabilidade Civil, Rio de Janeiro: Forense, 3ª edição, 1992, p. 70). Em linha semelhante, para René Demogue: "é preciso esteja certo que, sem este fato, o dano não teria acontecido. Assim, não basta que uma pessoa tenha contravindo a certas regras; é preciso que sem esta

Destaque-se que, em determinadas situações, a relação de causalidade poderá parecer confusa, ou de difícil identificação, se diversas atitudes ou omissões puderem ser consideradas como possíveis geradoras do evento danoso. Tem compreendido a doutrina em tais casos que apuração da relação de causalidade deverá dirigir-se à busca da causa idônea, da mais adequada – em suma, da mais eficiente – dentre as possíveis causas, à consecução do prejuízo[50]. O que se encontra em consonância com a compreensão do artigo 403 no novo Código Civil, ao dispor, mais especificamente às consequências da inexecução das obrigações, que: *"Ainda que a inexecução resulte de dolo do devedor, as perdas e danos só incluem os prejuízos efetivos e os lucros cessantes por efeito dela direto e imediato, sem prejuízo do disposto na lei processual".*

O que não resulta na irresponsabilidade daqueles que, por seu agir ou omitir, também deram causa eficiente à realização do dano reclamado pela vítima. Nessas hipóteses, a análise do caso concreto revelará, com maior ou menor dificuldade, quais dos coautores encontram-se ligados à causa efetiva do evento danoso, emergindo daí a responsabilidade de apenas um deles, ou de mais de um, do responsável por solidariedade, ou ainda da concorrência de culpa com aquela emanada do agir ou omitir da própria vítima[51].

contravenção, o dano não ocorreria", (*Traité des Obligations em Général*, v. 4, n. 66, Paris: 1924, cf. Rui Stoco. Ob. cit. p. 146).

[50] Martinho Garcez Neto, no registro de Rui Stoco (ob. cit. p. 146-147) prega que: "para aferir-se a responsabilidade de acordo com a teoria em estudo, o juiz deve retroceder até o momento da ação ou da omissão, com o objetivo precípuo de estabelecer se esta era, ou não, idônea a produzir o dano. Assim, para a definição da causa do dano, será necessário proceder-se a um juízo de probabilidades, de modo que, dentre os antecedentes do dano, haveria que destacar aquele que está em condições efetivas de tê-lo produzido. O juízo de probabilidade ou previsibilidade das consequências é feito pelo julgador, retrospectivamente, e em atenção ao que era cognoscível pelo agente, levando-se em consideração o *homo medius*". (Prática de Responsabilidade Civil. São Paulo: Saraiva, 4.a edição, 1989, p. 128).

[51] Em elucidativo acórdão, proveniente do Tribunal Regional Federal da 4ª Região, com relatoria do então Desembargador Federal Teori Albino Zavascki, encontramos precedente que bem ilustra o acima escrito, vejamos: "Em matéria de responsabilidade civil, havendo 'causalidade múltipla', cumpre precisar qual entre as circunstâncias fáticas é a causa eficiente do prejuízo. Se é certo que não se pode eleger arbitrariamente o fato gerador da responsabilidade, também não é adequado optar, de modo absoluto, em favor da chamada 'equivalência de condições'. O meio-termo ilustrado pelo exame de cada caso concreto é a melhor solução. No caso específico, está evidenciado que os atos imputados à União (...) não foram a causa única do dano moral alegado. Pelo contrário: outras circunstâncias de fato ocorreram

RESPONSABILIDADE CIVIL DOS ADMINISTRADORES E GESTORES DE FUNDOS DE INVESTIMENTO

Poderá, por fim, haver o rompimento do nexo de causalidade, se o fato imputado ao agente se der por caso fortuito, força maior[52], por culpa exclusiva da vítima, ou mesmo por fato de terceiro.

Restando provado que o dano resulta exclusivamente de uma destas circunstâncias, fala-se no rompimento do nexo de causalidade justamente porque a atitude do agente não foi o elemento eficiente à causa do dano, não podendo o mesmo vir a ser responsabilizado pelo evento[53]. A questão probatória girará, nessas ocorrências, à verificação da ocorrência de hipótese de caso fortuito, força maior, culpa exclusiva da vítima, ou, finalmente, fato de terceiros, e se tais acontecimentos foram relevantemente decisivos na geração do dano reclamado.

---

decisivamente, e quanto a estes cumpria ao autor o ônus da prova" (Tribunal Regional Federal da 4ª Região, 3ª Turma, Apelação nº 2000.04.01.004115-1, cf. RT780/418).

[52] Eventos estes conceituados pelo artigo 393, e respectivo parágrafo único, do novo Código Civil, com a seguinte redação: "Art. 393. O devedor não responde pelos prejuízos resultantes de caso fortuito ou força maior, se expressamente não se houvera por eles responsabilizado. Parágrafo Único. O caso fortuito ou de força maior verifica-se no fato necessário, cujos efeitos não era possível evitar ou impedir".

[53] Como bem ressaltado pelo Desembargador Sérgio Cavalieri Filho "é possível que alguém se envolva em determinado evento sem que lhe tenha dado causa." (Programa de responsabilidade civil. São Paulo: Malheiros Editores, 1996, p. 48).

3. Dos Regimes Jurídicos da Responsabilidade Civil

O desenvolvimento dos tópicos que abordamos até aqui nos propiciou a compreensão de que o novo ordenamento privado Brasileiro manteve a repreensão à prática de atos ilícitos, por intermédio de um sistema de responsabilidade civil que visa primordialmente conduzir a vítima de tais atos a uma situação mais condizente possível com aquela que desfrutava antes da ocorrência da lesão indesejada, impondo, para a consecução de tal meta, o sacrifício patrimonial do agente causador do dano, inclusive como forma de desestimular novas atitudes não condizentes com o comportamento regular ditado pelo próprio Código.

Como vimos, o artigo 927, *caput*, do Código Civil fundamenta o dever da indenização, desde que: (i) se pratique um ato ilícito (arts. 186 e 187) que cause dano; e (ii) se demonstre a relação de causalidade entre o agir ou omitir ilícito e o prejuízo material ou moral causado.

Cumpre-nos, na parte que se segue, analisar a presença da culpabilidade do agente (seja por culpa *stricto sensu* ou por dolo) como elemento fundamental à configuração da responsabilidade subjetiva, regime jurídico este que constitui regra geral de responsabilidade civil[54].

[54] Entendemos que a responsabilidade civil subjetiva é regra geral adotada pelo novo Código Civil, vez que somente em situações expressamente previstas pelo mesmo, é que se viabiliza a aplicação da responsabilidade objetiva, hipótese residual. Essa é, ao nosso ver, em que pese doutas opiniões em contrário (cf. Nelson Nery Junior e Rosa Maria Andrade Nery, ob. cit. p. 488), a correta compreensão que se retira da leitura ao artigo 927 e respectivo parágrafo único do novo Código. Vejamos a redação legal: Art. 927. Aquele que, por ato ilícito (arts. 186 e 187), causar dano a outrem, fica obrigado a repará-lo. Parágrafo único. Haverá

Também adentraremos adiante, no outro regime jurídico da responsabilização civil previsto expressamente pelo novo Código, denominado pela doutrina e pela jurisprudência de responsabilidade objetiva. Para esse regime não se exige a demonstração da culpabilidade do agente, e daí a desnecessidade da ilicitude do seu agir ou omitir – razão pela qual também é denominado de responsabilidade sem culpa ou por ato lícito – para que se fale no dever de indenizar.

3.1. Da Responsabilidade Civil Subjetiva

A culpa no sistema de responsabilidade civil pode resultar de culpa em sentido estrito e de conduta dolosa, sendo a mesma, como frisado acima, elemento indispensável à configuração da responsabilidade civil subjetiva, que, por seu turno, constitui regra geral para a responsabilização civil prevista pelo novo Código (cf. art. 927 e seu parágrafo único).

É possível visualizar a presença da culpa em sentido estrito quando da prática de um comportamento equivocado pelo agente, sem que esse, contudo, tivesse a intenção ou a consciência da possibilidade de lesão ou violação ao direito de outrem. Poderia, entretanto, o agente culpado, ter-se acautelado, buscado aprimorar-se, ter-se cercado de maior atenção e cuidado, até mesmo revisado seus procedimentos, enfim, se portado de forma mais adequada quando da ação ou omissão. De forma que, no contexto considerado, seria plenamente plausível, dentro de um consenso social normal, esperar comportamento diverso, que não aquele que acabou gerando o prejuízo suportado pela vítima. Nesse caso o erro do agente, pela ação ou omissão, não é escusável, não fornecendo justificativa legal plausível para o seu perdão.

obrigação de reparar o dano, independentemente de culpa, nos casos especificados em lei, ou quando a atividade normalmente desenvolvida pelo autor do dano implicar, por sua natureza, risco para os direitos de outrem.". Nesse mesmo vértice, Rui Stoco (ob. op. cit. p. 132-133), destaca que "no parágrafo único do art. 927 encontramos uma dessas exceções, e não "regra geral" ou integrante de um sistema "dualista". Note-se que o referido preceito excepcionador é expresso e não deixa margem a dúvida, pois só estabelece a obrigação de reparar o dano "independentemente de culpa" nos casos expressos em lei, ou quando a atividade desenvolvida pelo autor implique em risco para terceiros. (...) Portanto, não é em qualquer hipótese que se dispensa a verificação da culpa. (...) A regra geral ainda é aquela estabelecida no art. 186, ou seja, da força do elemento culpa para a caracterização do ilícito e para impor a obrigação de indenizar, o que lamentamos e, certamente, Alvino Lima também lamentaria".

A atitude culposa vem carregada, no que fornece a marca distintiva da responsabilidade subjetiva, por um juízo de reprovação. Reprovação porque o agente poderia ter obrado de maneira diversa. Contudo, não o fez, portando-se de forma ilícita. Compreende Luiz Roldão de Freitas Gomes que "a mera circunstância de a conduta na sua materialidade ou objetividade mostrar-se contrária ao direito não coloca o sujeito em situação de responsabilidade se não se puder dizer, no caso concreto, que ele devia ter procedido de outra forma. Sem esta censura ético-jurídica, não há sanção. Tal censura traduz-se no reconhecimento da culpabilidade." Só se infringe o dever e o correlato direito quando se atua culposamente. É curial, pois, falar-se numa ilicitude subjetiva, que pressupõe culpa, a qual "é a imputação de um ilícito a seu autor, traduzida no juízo segundo o qual este deveria ter-se abstido desse ato"[55].

No tratado de Rui Stoco a culpa "pode empenhar ação ou omissão e revela-se por meio da imprudência', comportamento açodado, precipitado, apressado, exagerado ou excessivo; negligência', quando o agente se omite, deixando de agir quando deveria fazê-lo e deixando de observar regras subministradas pelo bom senso, que recomendam cuidado, atenção e zelo; e imperícia', a atuação profissional sem o necessário conhecimento técnico ou científico que desqualifica o resultado e o conduz ao dano"[56].

Sem divergir, Aguiar Dias anotou que a culpa "é a falta de diligência na observância da norma de conduta, isto é, o desprezo, por parte do agente, do esforço necessário para observá-la, com resultado não objetivado, mas previsível, desde que o agente se detivesse na consideração das consequências eventuais da sua atitude"[57].

Na conduta culposa o agente não tem a intenção de levar ao resultado danoso, mas age de forma irregular ao desrespeitar o dever de cuidado ou de diligência em razão do agir apressado, movido pela desídia ou distanciado da boa técnica exigida[58].

---

[55] In Responsabilidade civil subjetiva e objetiva – Aspectos Controvertidos do novo Código Civil – Escritos em homenagem ao Ministro José Carlos Moreira Alves. Coordenação de Arruda Alvim, Joaquim Portes de Cerqueira César e Roberto Rosas. São Paulo: RT, 2003, p. 454.

[56] Ob. cit. p. 132.

[57] Da responsabilidade Civil. Rio de Janeiro: Forense, 6a edição, 1979, v. 1, p. 123.

[58] No entendimento de Sérgio Cavalieri Filho, a culpa representa uma "conduta voluntária contrária ao dever de cuidado imposto pelo Direito, com a produção de um evento danoso involuntário, porém previsto ou previsível" (ob. cit., p. 38)

A culpa, elemento fundamental da responsabilidade subjetiva, possui dois campos distintos, o da culpa contratual e o da extracontratual ou aquiliana, mas que implicam, em ambas as hipóteses, na responsabilidade patrimonial do autor da lesão. A culpa contratual funda-se justamente no descumprimento de um dever convencionado, descumprimento esse decorrente do agir que é considerado como não regular à luz de disposições contratuais que deveriam ter sido, de forma diversa daquela realizada, observadas pelo agente, sem que esse, no entanto, tivesse a intenção de causar algum dano à parte lesada. A culpa extracontratual ou aquiliana, por sua vez, corresponde à desobediência a um preceito geral, que decorre do ordenamento jurídico genericamente considerado – e não de uma convenção contratual – ordenador do respeito à pessoa e aos bens alheios (*alterum non laedere*)[59].

A postura culposa também comporta, por outro ângulo, as seguintes formas de manifestação: (i) culpa *in eligendo* – fundada na má escolha de um empregado ou de um preposto, que ao agir de maneira desqualificada acaba ensejando a responsabilização de quem o elegeu para o trabalho ou para a representação designada, em razão da constatação de que o representado deveria verificar as qualidades de quem desempenhou o mandato, ou mesmo o trabalho contratado, a partir do que, poderá o comitente ou o patrão também ser demandado pela vítima[60]; (ii) culpa *in vigilando* – aquela que decorre da ausência de fiscalização de uma atividade desenvolvida por um empregado, por um preposto, por aquele, enfim, que poderia ter seus procedimentos vigiados e zela-

---

[59] O jurista Aguiar Dias tratou tais modalidades de culpa da seguinte maneira: "Partindo--se do princípio geral de que a culpa se corporifica em ato ilícito e este é a violação de um dever preexistente, passa-se à verificação de que esse dever tanto pode ser de ordem legal, como um preceito moral determinado ou uma obrigação geral de não prejudicar ou, ainda, um dever contratual. As três espécies se agrupam no título 'culpa extracontratual', e embora, decerto, menos nítidas as linhas diferenciais entre elas, esses traços distintivos persistem. O jurista que se esmera no mérito não deixará de reconhecê-los. O certo é que a classificação geral é a de culpa extracontratual. A categoria paralela é a culpa contratual. A culpa contratual, assim, se estabelece em terreno mais bem definido e limitado, e consiste, segundo Savatier, cuja lição nos parece correta, "na inexecução previsível e evitável, por uma parte ou seus sucessores, de obrigação nascida de contrato prejudicial à outra parte ou seus sucessores (...)." (ob. cit. p. 148-149)

[60] Nesse sentido, estabelece a Súmula 341 do Supremo Tribunal Federal que é presumida a culpa do patrão ou do comitente pelo ato do empregado ou do preposto.

DOS REGIMES JURÍDICOS DA RESPONSABILIDADE CIVIL

dos por outrem que desfruta de tal prerrogativa de mando, mas que não o são, permitindo então que o agir culposo se manifeste em danos para terceiros; (iii) culpa *in committendo* – que se manifesta pela prática de um ato lesivo positivo pelo agente (v.g. do agir imprudente); e (iv) culpa *in omittendo* – aquela que deriva de uma abstenção, de um omitir (v.g. da negligência).

Ademais, afigura-se-nos importante destacar que o evento danoso pode derivar da concorrência da culpa do agente com a da própria vítima. Aludida hipótese é ventilada pelo artigo 945 do novo Código Civil ao dispor que: "*Se a vítima tiver concorrido culposamente para o evento danoso, a sua indenização será fixada, tendo-se em conta a gravidade de sua culpa em confronto com a do autor do dano*".

O Código Civil de 1916 não continha previsão legislativa equivalente, contudo, a culpa concorrente já havia sido objeto de ampla consideração pela doutrina e pela jurisprudência anterior ao novo Código[61].

Divergiu, doravante, o novo Código no que concerne ao critério de distribuição do ônus indenizatório, anteriormente calculado pela doutrina e jurisprudência através da divisão do respectivo montante entre as partes envolvidas[62], agora pautado na extensão da culpabilidade das partes como parâmetro de atribuição da participação correspondente no suporte do dever indenizatório. Esse critério, ao nosso ver, é congruente

---

[61] O eminente civilista Washington de Barros Monteiro, há muito, já ensinara que "se houver concorrência de culpas, do autor do dano e da vítima, a indenização deve ser reduzida. Posto não enunciado expressamente, esse princípio é irrecusável no sistema do direito pátrio, constituindo, entre nós, *jus receptum*. A jurisprudência consagra, com efeito, a solução do pagamento pela metade, no caso de culpa de ambas as partes" (Curso de Direito Civil, São Paulo, Saraiva, 15a edição, 1980, volume 5, p. 414). Quando verificada a ocorrência da culpa corrente, a jurisprudência assim tem se posicionado: "Se a vítima não age com a cautela necessária para atravessar a rua em local apropriado, vindo a ser atropelada, justificável, a redução proporcional do valor indenizatório, em razão da culpa concorrente" (Extinto Primeiro Tribunal de Alçada Civil do Estado de São Paulo, 6ª Câmara, Relator o Desembargador Ernani de Paiva, cf. RT 609/112).

[62] Assim: "Tendo ambas as partes concorrido para o evento danoso, a responsabilidade deve ser dividida" (Extinto Primeiro Tribunal de Alçada Civil do Estado de São Paulo, 3ª Câmara, Apelação, Relator o Desembargador José Osório, cf. RT 567/104). Em igual caminho: "Quando há culpas concorrentes responde cada uma das partes pela metade dos danos suportados pela outra parte. (...)" (Extinto Primeiro Tribunal de Alçada Civil do Estado de São Paulo, 1ª Câmara, Embargos infringentes, Relator o Desembargador Cândido Rangel Dinamarco, cf. RT 572/109).

com a própria razão de ser da responsabilidade civil, estribada, como já visto, na necessidade de reparação e de responsabilização, na medida do dano, da culpa, e, do nexo de causalidade, que prende o agente ao evento não desejado, na exata medida da participação em que contribuiu para a respectiva ocorrência.

Nesse particular, retomamos o raciocínio desenvolvido de que o estabelecimento da relação de causalidade entre condutas concorrentes e o dano ocasionado deve contar com a pesquisa de qual a causa eficiente para a ocorrência do prejuízo, de modo que, se a conduta da vítima fora culposa, mas não fora eficiente, ou inócua para a caracterização do dano – ou melhor, se ignorarmos a culpabilidade da vítima, ainda assim o prejuízo se fizer presente, naquela mesma extensão, entendemos que não há que se cogitar da culpa concorrente, não tendo como o agente causador pretender qualquer redução no montante indenizatório a ser desembolsado.

O agir culposo, além de comportar separação entre culpa contratual e culpa *aquiliana* ou extracontratual, admite, em outro aspecto, a classificação, em razão de seus graus de incidência, em culpa grave, culpa leve e culpa levíssima.

Culpa grave corresponderia àquela conduta em que o agente, mesmo sem mirar a causa do dano, age como se assim desejasse, praticando conduta equivalente àquela de quem tem a intenção de causar o dano, sem, no entanto, possuir o mesmo elemento volitivo interno ao de quem pratica o ato almejando o seu resultado[63]. A culpa leve ou normal corresponde justamente à situação em que o agente deixa de agir com diligência, prudência e perícia, consoante os padrões normalmente aceitos pela sociedade. Já a culpa levíssima é aquela em que o causador do dano age em desacordo com os níveis de diligência, prudência e perícia aceitos, mas que outro agente, extremamente diligente e cuidadoso, teria observado[64].

---

[63] Em acórdão bastante esclarecedor, o Egrégio Tribunal de Justiça do Estado de São Paulo assim conceituou a culpa grave: "Há culpa grave quando é grosseira a negligência do agente, inconsiderado seu procedimento e tão insensata sua conduta que chega a ser equiparada à de quem age com *animus injuriandi*" (1ª Câmara do TJ/SP, Relator o Desembargador Galvão Coelho, RT559/114).

[64] Cf. Rui Stoco, ob. cit. p. 140-141.

DOS REGIMES JURÍDICOS DA RESPONSABILIDADE CIVIL

Conforme tem compreendido a doutrina mais moderna que se dedicou ao assunto, a importância da graduação da culpabilidade do agente não se revela apenas quando do estudo do surgimento do dever de indenizar, admitindo na realidade importância fundamental no momento da avaliação da participação culposa – retoma-se aqui a hipótese de concorrência com a culpa da própria vítima, ou mesmo quando da existência da mais de um agente causador –, e importância preponderante para a fixação do montante devido a título de indenização.

Assim considerada, a gradação da culpabilidade do autor do dano, será decisiva para revelar em que medida este contribuiu para a ocorrência do evento, podendo-se medir com isso a extensão do respectivo dever indenizatório, o que balizará a fixação do montante a ser desembolsado pelo mesmo.

Note-se que a relevância de se graduar a culpa do agente foi devidamente captada pelos autores do novo Código Civil, razão pela qual assim disciplinou o parágrafo único do seu artigo 944: "*Se houver excessiva desproporção entre a gravidade da culpa e o dano, poderá o juiz reduzir, equitativamente, a indenização*"[65].

Ainda, a graduação da culpa, além de elevar ou atenuar a indenização a ser prestada por prejuízos materiais causados, constitui baliza essencial ao arbitramento da condenação por danos morais, especialmente em razão do cunho eminentemente subjetivo que envolve a sua valoração[66]. O que se pondera é que a culpabilidade daquele que praticou um

---

[65] O que já havia sido destacado pela doutrina de Yussef Said Cahali, para quem: "a) a determinação da responsabilidade do agente não prescinde do dolo, ao qual se equiparam a culpa grave, a má-fé, a malícia, enfim a *Bosswilligkeit* dos alemães; em outros, será suficiente a simples culpa, ainda que levíssima, havendo mesmo aqueles em que o dever de indenizar exsurge objetivamente, em função da simples causalidade; b) a presença do elemento subjetivo do dolo ou da culpa determina o agravamento da responsabilidade, com a adição de um *plus* à indenização ressarcitória". (Indenização segundo a gravidade da culpa. Revista da Escola Paulista da Magistratura. São Paulo: 1ª edição, nº 1, setembro-dezembro, 1996, p. 22).

[66] Neste sentido, a jurisprudência já firmou-se: "A indenizarão por dano moral deve ser arbitrada em quantia fixa e não deve ser fonte de enriquecimento, nem pode, também, ser fixada em valor inexpressivo, sendo de rigor, em sua quantificação, a valoração da intensidade da culpa e as circunstâncias em que ocorreu o evento danoso" (Tribunal de Justiça do Estado de São Paulo, 16ª Câmara, Relator o Desembargador Pereira Calças, cf. JTJ-LEX 174/49). Do mesmo modo: "Na fixação do dano moral, uma vez que a dor verdadeiramente não tem preço, deve-se ponderar sobre as condições socioculturais e econômicas dos envolvidos, grau da culpa, trauma causado, e outros fatores, como o de servir de deses-

ato ilícito deverá ser civilmente reprimida em razão da sua extensão, de sorte que, se o agente pouco errou, desmotivado será penalizá-lo demasiadamente, ao passo que aquele que exagerou na conduta irregular, agregou motivos para a resposta responsabilizadora correspondente, dado o caráter inibidor da responsabilidade civil.

Da mesma forma que a existência do dano, a culpa deve ser provada de modo que se caracterize a responsabilidade subjetiva, emergindo então o dever de indenizar.

A *priori*, a presença da conduta culposa é prova cuja realização incumbe à vítima do dano[67]. Contudo, ocorrências poderão surgir em que a demonstração da culpa constitui tarefa que não se encontra ao alcance do ente lesado, o qual, mesmo fornecendo indícios da anormalidade da situação que gerou danos, não teria como ver-se indenizado, dada a impossibilidade de comprovar cabalmente a irregularidade do agir ou omitir do causador do dano.

Em situações como a narrada, a doutrina e a jurisprudência têm reconhecido a possibilidade de inversão do ônus da prova, uma vez que, se exigido for da vítima que comprove a culpa, esta, mesmo tendo suportado o dano, fatalmente não seria indenizada. A consideração que se faz é que em hipóteses das quais a normalidade da situação que gerou o prejuízo induz à maior probabilidade e verossimilhança de que a conduta do agente presume-se culposa – falando-se então na culpa presumida –, competirá a este desfazer a versão do suposto lesado, como dito, desde que o caso estudado permita a ilação de que a normalidade dos fatos caminha para a presunção da culpabilidade do ente ofensor[68]. Deve-se as-

---

tímulo à prática de novo ilícito, e de compensação amenizadora, de modo que a quantia arbitrada não seja tão irrisória que nada represente e nem tampouco exagerada, que implique em sacrifício demasiado para uma parte e locupletamento para a outra'" (Tribunal de Justiça do Paraná, 2ª Câmara, Apelação nº 103.559-2, Relator o Desembargador Cordeiro Cleve. cf. Repertório IOB – Jurisprudência – 20/97, Caderno 3, p. 395).

[67] Como regra, a prova do dano incumbe a quem argui a ilicitude da conduta do ofensor, em razão do que: "Improcede ação de indenização fundada em responsabilidade por ato ilícito na falta de prova da culpa, que constitui um dos pressupostos do dever de indenizar" (Tribunal de Alçada do Rio de Janeiro, 4ª Câmara, Relator o Juiz Raul Quental, RT 565/14)

[68] O mestre Aguiar Dias, sobre o assunto explicou que: "o princípio de que ao autor incumbe a prova não é derrogado em matéria de responsabilidade civil, mas recebe, nesse domínio, em lugar do seu aparente sentido absoluto, uma significação especial, que por atenção a outra norma (*reus in excipiendo fit actor*), vem a ser esta: "aquele que alega um fato contrário à

DOS REGIMES JURÍDICOS DA RESPONSABILIDADE CIVIL

sinalar que tal regra processual não se presta à mera facilitação do recebimento de indenizações pelo ente lesado, mas somente à viabilização do pleito indenizatório, nas situações que se enquadrem no arquétipo acima desenhado.

Diferentemente da conduta culposa, o agir doloso (que também gera a responsabilização civil do agente, caso a atitude eivada gere danos a ela correlatos, configurando nexo eficiente de causalidade) verifica-se quando a conduta irregular encontra-se impregnada pela vontade dirigida à obtenção de um determinado fim ilícito, ficando caracterizado o agir consciente destinado a um desiderato não lícito[69].

Em sua compreensão civil, abstraído o âmbito penal, o dolo corresponde ao "expediente ou estratégia astuciosa direcionada no sentido de induzir alguém à prática de um ato que lhe pode causar prejuízos, em benefício de quem realiza a ação intencional de engodo ou em benefício de terceiro, a quem o ato viciado possa interessar"[70]. Sendo assim, o sentido do dolo civil é de artifício ou expediente empregado com o intento de enganar e de se aproveitar do seu resultado, que subtraiu da vítima a possibilidade de agir de forma a resguardar os seus próprios interesses, de maneira que efetivamente não agiria se o agente maliciosamente não houvesse interferido com sua conduta dolosa.

O dolo tem sido considerado não só como o intento direto de prejudicar, de enganar, ou de se aproveitar de alguém, mas também como decorrente da ciência pelo agente de que a sua conduta era plenamente

---

situação adquirida do adversário é obrigado a estabelecer-lhe a realidade". Ora, quando a situação normal, adquirida, é a ausência de culpa, o autor não pode escapar à obrigação de provar toda vez que, fundamentadamente, consiga o réu invocá-la. Mas se, ao contrário, pelas circunstâncias peculiares à causa, outra é a situação-modelo, isto é, se a situação normal faça crer na culpa do réu, já aqui se invertem os papéis: é ao responsável que incumbe mostrar que, contra essa aparência, que faz surgir a presunção em favor da vítima, não ocorreu culpa de sua parte. Em tais circunstâncias, como é claro, a solução depende preponderantemente dos fatos da causa, revestindo de considerável importância o prudente arbítrio do juiz na sua apreciação" (op. cit. p. 100-101).

[69] Francisco Amaral escreveu que "para a doutrina da vontade, dolo é a vontade encaminhada a produzir resultado antijurídico. Para a teoria da representação, dolo é a previsão do resultado" ob. cit. p. 156. Sem fugir desse conceito, Agostinho de Arruda Alvim pregava que o "dolo é a vontade consciente de violar direito", (Da inexecução das obrigações e suas consequências. São Paulo: Saraiva, 4. edição, 1972, p. 256).

[70] Nelson Nery Junior e Rosa Maria Andrade Nery. ob. cit. p. 218.

capaz de gerar danos a vítima. Nesse contexto, o dolo passou a ser compreendido não só como a vontade de prejudicar. Alargando o seu conceito, admite-se a presença da conduta dolosa quando o ofensor tem consciência de que sua ação ou omissão é suficiente para causar prejuízos a terceiros[71].

Finalmente, o novo Código Civil, ao disciplinar os defeitos dos negócios jurídicos, cuidou por distinguir as condutas dolosas em duas espécies. A primeira consiste no dolo principal ou essencial (artigo 145), que ocorre quando o dolo é a causa eficiente do ato, e corresponde à sua única razão para ter-se consumado, posto que se o agir doloso não se fizesse presente não teria a vítima se portado da maneira que acabou por lhe ser desfavorável. A segunda espécie é a do dolo acidental ou incidente, que se manifesta não como elemento decisivo à concretização de um determinado evento, mas apenas como fator que onera ou que retira vantagem em desfavor da vítima que, mesmo sem o agir doloso, teria, ainda assim, ido naquela direção, sem, contudo, ser onerada pela intervenção dolosa[72].

Como visto, a responsabilidade subjetiva, aquela arrimada na necessidade de reprovação de um comportamento irregular, consistente no exercício de uma ação ou omissão culposa ou dolosa teve como fim, dada a amplitude dos princípios informadores do Novo Código Civil, não só a recomposição material ou moral daquele que restou ofendido pelo agir ilícito, mas também a criação e a cobrança da necessidade de adoção de padrões voltados para uma conduta ética, imbuída de boa- fé, socialmente correta, que não implique abuso de direito, que esteja dotada de perícia, que seja devidamente aprimorada, cercada de prudência, enfim, mais exímia e cautelosa, a ser fielmente seguida por parte dos integrantes da sociedade brasileira.

---

[71] Caio Mário da Silva Pereira aduziu que: "Para a caracterização do dolo não há mister perquirir se o agente teve o propósito de causar o mal. Basta verificar se ele procedeu consciente de que o seu comportamento poderia ser lesivo. Se a prova da intenção implica a pesquisa da vontade de causar prejuízo, o que normalmente é difícil de se conseguir, a verificação da consciência do resultado pode ser averiguada na determinação de elementos externos que envolvem a conduta do agente." (LARENZ, Karl. Obligaciones, v.l, n-38; In Agostinho Alvim. Da Inexecução das Obrigações, p. 227)". (op. cit. p. 66)

[72] E o que prevê o artigo 146 do novo Código Civil: "O dolo acidental só obriga à satisfação das perdas e danos, e é acidental quando, a seu despeito, o negócio seria realizado, embora por outro modo."

A esse respeito, Luiz Roldão de Freitas Gomes ponderou que a responsabilidade subjetiva: "É fundada sobre uma visão humanista da sociedade, resultante de uma evolução milenária, na qual cada agente, animado pela razão, goza de seu livre-arbítrio (de sua consciência) e é senhor de seu destino. Pressupõe a consciência e a responsabilidade. (...) Fica, todavia, o registro de que o peso da responsabilidade subjetiva incita os cidadãos a pensar sobre as respectivas condutas e evitar aquelas que podem incorrer em falhas. Sob o aspecto econômico, facilita o espírito de iniciativa e impele à ação. Em contrapartida, privilegiar sempre a segurança arruína a liberdade de ação, sendo o imobilismo e a inércia economicamente nocivos. A prevenção dos prejuízos e o princípio da precaução fornecem-lhe razões práticas. Corresponde à redescoberta, sob novo nome, da virtude moral e jurídica da prudência, aplicável, por exemplo, na responsabilidade médica. (...) É exatamente porque se está obrigado a reparar o prejuízo causado que a pessoa se comporta como bom cidadão, que reconhece o exercício do direito igual dos semelhantes ao exercício de sua liberdade. Nisto consiste seu alcance educativo"[73].

3.2. Da Responsabilidade Civil Objetiva Enquanto Exceção à Sistemática Adotada pelo Código Civil

A responsabilidade subjetiva fundada na teoria da culpa, abraçada de forma integral pelo antigo Código Civil de 1916, demonstrava satisfazer a possibilidade de indenização daquelas situações que à época causavam repulsa social a ponto de exigir uma resposta Estatal eficiente, que coibisse a prática de novas infrações civis, ditando, com isso, comportamentos aceitáveis, e viabilizando a satisfação daquele que fora lesado.

No decorrer do século XX, em especial a partir da década de cinquenta, a sociedade brasileira experimentou um crescente – ainda que, em alguns setores, pouco consistente – processo de desenvolvimento industrial, que implicou mudanças relevantes na vida em sociedade, em especial o crescimento de sua vertente urbana em relação à decrescente presença popular no meio rural.

O estilo de vida modificado pela evolução tecnológica, financeira e social propiciou "a multiplicação das oportunidades e das causas de

---

[73] Ob. cit. p. 454.

danos"[74] evidenciando "que a responsabilidade subjetiva mostrou-se inadequada para cobrir todos os casos de reparação"[75].

No cenário econômico, tecnológico e social correspondente ao final do século XX e início do século XXI, as ocorrências potencialmente geradoras de danos passaram a decorrer de situações em que o lesado nem sempre alcançava a possibilidade de demonstrar a culpabilidade do ofensor[76], deixando sem resposta a solução de muitos casos.

A primeira modificação tendente à facilitação da possibilidade de ressarcimento da vítima foi a adoção da teoria da culpa presumida, aqui estudada e considerada pela doutrina como meio caminho para o surgimento da responsabilidade sem culpa, ou objetiva. Diferem os sistemas da culpa presumida com o da responsabilidade objetiva, na medida em que o primeiro inverte o ônus da pesquisa probatória tendente à apuração da culpabilidade, devendo o acusado demonstrar seu agir escorreito, enquanto a responsabilidade objetiva abandona por completo a presença da culpa como elemento intrínseco do dever de indenizar, abstraindo da sua apuração o debate relativo à culpabilidade[77].

Com o advento do Novo Código Civil, a teoria da culpa presumida foi substituída, em diversos casos, pelo sistema da responsabilidade objetiva, mantendo-se, contudo, sua excepcionalidade em relação ao sistema principal da responsabilidade subjetiva[78].

---

[74] Stoco, Rui, ob. cit. p. 149.

[75] Idem.

[76] Citando o respeitado civilista Caio Mário da Silva Pereira, Rui Stoco destacou que: ""Especialmente" a desigualdade econômica, a capacidade organizacional da empresa, as cautelas do juiz na aferição dos meios de prova trazidos ao processo nem sempre logram convencer da existência da culpa, e em consequência a vítima remanesce não indenizada, posto se admita que foi efetivamente lesada (Caio Mário, op. cit., p. 260)" (ob. cit. p. 149).

[77] No que pertine ao debate, Aguiar Dias enfatizou: "Não confundimos, pelo menos propositadamente, os casos de responsabilidade objetiva com os de presunção de culpa. Na realidade, como já tivemos ocasião de dizer, o expediente da presunção de culpa é, embora não confessem os subjetivistas, mero reconhecimento da necessidade de admitir o critério objetivo. Teoricamente, porém, observa-se a distinção, motivo por que só incluímos como casos de responsabilidade objetiva os que são confessadamente filiados a esse sistema. (...) Em teoria, a distinção subsiste, ilustrada por um exemplo prático: no sistema da culpa, sem ela, real ou artificialmente criada, não há responsabilidade; no sistema objetivo, responde-se sem culpa, ou melhor, esta indagação não tem lugar" (Ob. cit. p. 91-92).

[78] Neste sentido, Rui Stoco indica como hipóteses de responsabilidade objetiva prevista de forma expressa pelo Código: "como, por exemplo, nas atividades perigosas (art. 927,

DOS REGIMES JURÍDICOS DA RESPONSABILIDADE CIVIL

Passou, dessa forma, o ordenamento privado a conviver com os dois sistemas de responsabilidade acima indicados. Um principal, que serve de regra para os pleitos indenizatórios formulados; e outro secundário – ou melhor, excepcional – que norteia o julgamento daqueles casos em que desnecessária será a investigação da culpa para o sucesso do pedido indenizatório, bastando para tanto que se ligue a atitude do agente ao dano experimentado pela vítima.

O argumento principal para a adoção da responsabilidade objetiva encontra seu fundamento na teoria do risco criado, pela qual aquele que se dispõe a explorar uma atividade potencialmente geradora de riscos para terceiros aceita o encargo de responder, independentemente da sua culpabilidade, pelos danos gerados[79]. Nesses casos, tem-se que dado o jaez da atividade em questão, não haveria porque se exigir do lesado, inclusive em face da dificuldade probatória a ser imposta ao mesmo, que comprove o agir irregular do agente. Como a atividade é em si perigosa, sendo daquelas por demais arriscadas, justifica-se, em caso de dano, a atribuição da responsabilidade sem culpa ao agente.

Na compreensão de Carlos Roberto Gonçalves, o Novo Código Civil "adotou, assim, solução mais avançada e mais rigorosa que a do direito italiano, também acolhendo a teoria do exercício de atividade perigosa e o princípio da responsabilidade independentemente de culpa nos casos especificados em lei, a par da responsabilidade subjetiva como regra geral, não prevendo, porém, a possibilidade de o agente, mediante a inversão do ônus da prova, exonerar-se da responsabilidade de provar que adotou todas as medidas aptas a evitar o dano (...) Na teoria do risco se subsume a ideia do exercício de atividade perigosa como fundamento da

parágrafo único), consagrando entendimento da doutrina e da jurisprudência; na responsabilidade objetiva dos pais, tutores e curadores, empregador e donos de hotéis, respectivamente pelos atos dos filhos menores, dos pupilos e curatelados e dos empregados (art. 932), responsabilidade esta que antes era subjetiva, mas com a culpa presumida; na responsabilidade do dono, ou detentor do animal por dano causado por este (art. 936); do dono de edifício ou construção (art. 937); daquele que habita prédio de onde caírem ou forem lançadas coisas (*effusis et edjectis* – art. 938)." (Ob. cit. p. 150).

[79] Conforme Caio Mário da Silva Pereira o conceito de risco criado: "é o que se fixa no fato de que, se alguém se põe em funcionamento uma qualquer atividade, reponde pelos eventos danosos que esta atividade gera para os indivíduos independentemente de determinar se em cada caso, isoladamente, o dano é devido a imprudência, à negligência, a um erro de conduta, e assim se configura a "teoria do risco criado" (op. cit., p. 268).

responsabilidade civil. O exercício de atividade que possa oferecer algum perigo representa um risco, que o agente assume, de ser obrigado a ressarcir os danos que venham resultar a terceiros dessa atividade. Na legislação civil italiana encontra-se o exercício de atividade perigosa como fundamento da responsabilidade civil, com inversão do ônus da prova. O agente, no caso, só se exonerará da responsabilidade se provar que adotou todas as medidas idôneas para evitar o dano. Disposições semelhantes são encontradas nos Códigos Civis mexicano, espanhol, português, libanês e outros"[80].

Para a nossa intelecção, a razão legal de ser do parágrafo único do art. 927 do Novo Código Civil é a tutela dos danos provenientes das atividades que impliquem em risco anormal, não se confundindo com o risco ordinário que atinge todas as atividades do agir ou omitir humano.

Imaginar o contrário seria admitir o alargamento da incidência da teoria objetiva a toda situação que envolvesse risco, o que, em última análise, implicaria o esquecimento da responsabilidade subjetiva, dado que qualquer manifestação de vontade envolve uma dose, ainda que desprezível, de risco, em suas múltiplas e imagináveis espécies.

Se o caput do mesmo artigo (927) antevê, com status de regra, a adoção da responsabilidade subjetiva, remetendo ao seu parágrafo único a excepcional possibilidade da responsabilidade objetiva, somente conseguimos compreender que a sua incidência surgirá quando: (i) se prevista em lei especial; ou (ii) se a atividade desenvolvida implicar risco anormal, criando uma situação de dano potencial e imprevisto para os direitos de outrem.

Na direção do que expomos, o enunciado nº 38 de autoria de Adalberto Pasqualotto, aprovado na Jornada de Direito Civil, promovida pelo Conselho da Justiça Federal em setembro de 2002, sob a Coordenação do Ministro Ruy Rosado de Aguiar, resultou no seguinte entendimento:

> A responsabilidade fundada no risco da atividade, como prevista na segunda parte do parágrafo único do art. 927 do novo Código Civil, configura-se quando a atividade normalmente desenvolvida pelo autor do dano causar a pessoa determinada um ônus maior do que aos demais membros da coletividade.

---

[80] Responsabilidade Civil, 7ª edição, São Paulo, Saraiva, 2002, p.8.

Ainda sobre este particular, como o parágrafo único do art. 927 do Novo Código Civil possui redação bastante ampla, o que poderia sugerir uma exegese voltada à tutela de riscos comuns, insistimos que tal entendimento não possui razão de ser, pois, como frisado, se assim fosse não haveria motivos para o caput do mesmo artigo estabelecer a responsabilidade subjetiva como regra geral para a responsabilidade civil no ordenamento privado nacional.

Ponderamos neste rumo, pois se qualquer risco desse azo à responsabilidade objetiva, a sua abrangência seria tamanha que a classificação entre sistema principal e excepcional deixaria de ser um critério útil na separação dos regimes de responsabilidade albergados pelo novo Código.

Nesse mesmo debate, a narrativa do parágrafo único acabou, por não haver definido suficientemente a questão, deixando ao critério da jurisprudência fixar, quando da análise dos casos postos a julgamento, o que poderá ser considerado como risco – decorrente da atividade do agente – suficiente a ponto de exigir a utilização da responsabilidade objetiva como regra de julgamento dos pedidos indenizatórios deduzidos[81].

Sobredita técnica legislativa, ao nosso sentir, não pareceu das mais convenientes, quanto mais em se tratando de um tema de tamanha relevância, tema este que confrontado com as inúmeras atividades humanas, que dificilmente não envolvem riscos, ainda que ordinários, poderão dar ensejo a eventuais exageros quando da sua aplicação.

---

[81] No registro de Rui Stoco: "O parágrafo único do art. 927 do CC encarregou o magistrado de estabelecer se, à luz do caso concreto, a hipótese é, ou não, de exercício de atividade perigosa. Se entendê-la perigosa, aplicará o princípio da responsabilidade objetiva e verificará apenas se o comportamento do agente se liga ao resultado danoso e se inexiste causa excludente de responsabilidade. Caso entende que a atividade é normal e, portanto, não-perigosa, fará incidir a teoria subjetiva e imporá à vítima ou autor da ação a comprovação da culpa. Em verdade, não há, *a priori*, como especificar quais atividades são perigosas, posto que a dinâmica dos fatos cria novas hipóteses e o avanço tecnológico e científico pode converter atividades perigosas em não-perigosas. (...) Mas, para o Judiciário, a tarefa de decidir o que deve ser considerado atividade perigosa no caso concreto não será fácil, nem se obterá, em curto prazo, uma consolidação dessas hipóteses. Exigirá cautela e parcimônia para não converter a exceção em regra, de modo a semear responsabilidade objetiva quando a hipótese é de responsabilidade subjetiva, mediante comprovação da culpa" (Ob. cit. p. 168).

Como bem frisado por Sílvio de Salvo Venosa:

> Sob esse prisma, o Novo Código Civil apresenta, portanto, uma norma aberta para a responsabilidade objetiva no parágrafo único do art. 927. Esse dispositivo da lei nova transfere para a jurisprudência a conceituação de atividade de risco no caso concreto, o que talvez signifique perigoso alargamento da responsabilidade sem culpa. É discutível a conveniência de uma norma genérica nesse sentido. Melhor seria que se mantivesse nas rédeas do legislador a definição da teoria do risco[82].

Na forma esposada, as atividades humanas e empresariais têm modernamente se manifestado em inúmeros rumos, em ambientes e condições também múltiplos, muitas vezes chegando a se propagar, dado o fenômeno crescente da globalização e das relações travadas em meio eletrônico, até mesmo em outras economias, o que, ponderada a gama de situações que passam a compreender, envolvem indissociável risco aos direitos de inúmeras pessoas físicas e jurídicas.

Considerando que a responsabilidade civil objetiva, prevista pelo novo Código Civil, deixou em aberto o que se trataria atividade normalmente desenvolvida pelo autor do dano que, por sua natureza, implica risco para os direitos de outrem, relegando ao labor jurisprudencial a definição, caso a caso, de quando se aplicaria a responsabilidade sem culpa. Na nossa visão, o entendimento pretoriano, mesmo estando livre para qualificar, de acordo com seu juízo – que, para nós, estará permeado por inevitável carga de subjetividade, especialmente pela vagueza do dispositivo legal em apreço – o que seria atividade perigosa, não teria como fugir do supra explanado, ou seja, nem toda atividade deve ser considerada como suficientemente geradora de riscos de forma a justificar a adoção da responsabilidade objetiva. Deve-se considerar como arriscada ou perigosa aquela atividade que gere riscos anormais, ou, como quis o enunciado nº 38 das Jornadas de Direito Civil, promovidas pelo Superior Tribunal de Justiça, "um ônus maior do que aos demais membros da coletividade".

Do contrário estar-se-ia desvirtuando a correta hermenêutica que pode ser retirada da análise do artigo 927 – globalmente considerado

---

[82] A responsabilidade objetiva no novo Código Civil. In http:www.escritorioonline.com/webnews/norida.php, acessado em 02 de fevereiro de 2003.

DOS REGIMES JURÍDICOS DA RESPONSABILIDADE CIVIL

dentro do contexto conjuntural da responsabilidade civil prevista pelo novo código –, tendendo-se ao extremo, não desejado ou permitido pela interpretação sistemática do Novo Código Civil, de transmudar a norma excepcional em norma geral, aproveitando-se da abstração do comando legal contido no parágrafo único do mesmo artigo.

Ainda no que tange à teoria do risco criado, é pertinente registrarmos a ponderação de Luciana Hernández Quintana, para quem, no que estamos conforme, "não se pode perder de vista que a vida moderna oferece riscos, daí porque a regra da responsabilidade civil objetiva deve ser vista com reservas. Dessa forma, somente se aquele que desempenha a atividade de risco não agir com as cautelas normais de segurança é que se poderia concluir pela aplicação da responsabilidade civil objetiva. É bastante razoável dizer que a responsabilidade civil objetiva prevista no Código Civil em vigor se aproxima da figura do dolo eventual, em que o agente assume o risco de produzir dano, embora não o deseje. Caberá então ao julgador analisar todas as condições e circunstâncias que envolvem o caso submetido a julgamento a fim de verificar se o lesante avaliou o risco e tomou as medidas de segurança ordinárias a fim de evitar o dano"[83].

A par da teoria do risco criado, compulsando a doutrina, verificamos que sobredita tese não era admitida com exclusividade pelos estudiosos voltados ao tema da responsabilidade civil como critério idôneo à justificativa para o socorro da responsabilidade sem culpa. Aludido raciocínio foi obtido em estudos anteriores à edição do novo Código Civil, em que se sustentava que o fundamento para a responsabilidade civil objetiva deveria ser encontrado na possibilidade daquele que exerce determinada atividade, em socializar as perdas decorrentes de eventual pedido indenizatório. Ou melhor, como é possível ao agente embutir o desembolso indenizatório no custo daquela atividade, custo este que acabará sendo absorvido pelo destinatário final que dela fruir, razoável assim seria impor ao causador, dada a sua capacidade de reversão do impacto econômico dos pleitos indenizatórios, a necessidade de responder pelos danos provenientes do seu agir, sem sequer apurar a sua culpabilidade,

---

[83] A responsabilidade civil objetiva no Código Civil Brasileiro: a teoria do risco criado prevista no artigo 927, parágrafo único. São Paulo: Revista do Advogado, n. 77, Ano XXIV, julho de 2004, publicação da Associação dos Advogados de São Paulo, p. 28-29.

RESPONSABILIDADE CIVIL DOS ADMINISTRADORES E GESTORES DE FUNDOS DE INVESTIMENTO

uma vez que, como explicado, o mesmo detém o poder de repasse daquela onerosidade à coletividade que dele se serve.

Essa tese, ao nosso ver, possui grande respaldo principalmente quando analisada a responsabilidade objetiva decorrente das relações de consumo (tuteladas pelo Código de Defesa do Consumidor), em que a justificativa da responsabilização sem culpa é claramente estribada não só na facilitação da defesa do consumidor em juízo (inclusive por meio da inversão do ônus probante, conforme estatui o artigo 6º do Código de Defesa do Consumidor), como também, e principalmente, na possibilidade do fornecedor de produtos e/ou serviços embutir no seu fornecimento os custos a que incorreu com o pagamento de indenizações, parecendo, de tal sorte, plausível que o mesmo responda sem sequer verificar-se se poderia ter agido de maneira a evitar o dano[84].

No entanto, este raciocínio não nos parece corresponder ao que foi realizado pelos autores do Novo Código Civil, os quais caminharam para a adoção da responsabilidade objetiva, também como forma de facilitação do alcance da necessária indenização, quando, entretanto, a atividade normalmente desenvolvida pelo autor do dano houver implicado risco, que para nós deverá ser considerável, insuportável, anormal e imprevisto aos direitos de outrem[85].

---

[84] Entendendo dessa forma, encontramos o Professor Fábio Ulhôa Coelho, para quem: "Na verdade, o fundamento axiológico e racional para a responsabilidade objetiva não são os riscos da atividade, mas a possibilidade de se absorverem as repercussões econômicas ligadas ao evento danoso, através da distribuição do correspondente custo entre as pessoas expostas ao mesmo dano ou, de algum modo, beneficiárias do evento. É o mecanismo de socialização das repercussões econômicas do dano que torna justa a imputação de responsabilidade aos agentes que o podem acionar. Note-se que o estado pode responder objetivamente pelos danos causados por seus funcionários porque tem meios para distribuir entre os contribuintes – através da criação e cobrança de tributos – os encargos derivados da sua responsabilização. (...) O INSS é objetivamente responsável pelos acidentes de trabalho porque, mediante a imposição de contribuições aos empresários em empregados, reparte entre estes sujeitos o valor dos benefícios pagos aos acidentados", (A Responsabilidade Civil dos Administradores de Instituições Financeiras, artigo integrante da obra Aspectos Atuais do Direito do Mercado Financeiro e de Capitais. Coord. Roberto Quiroga Mosquera, São Paulo: Dialética, 1999, p.92-93)

[85] Nesse diapasão, Luiz Roldão de Freitas Gomes, registrou que: "Inequivocamente, filiou-se o legislador aqui ao conceito de risco criado. Nas palavras do inolvidável Mestre, Prof. e Des. Serpa Lopes, "pelo próprio fato de agir, o homem frui todas as vantagens de sua atividade,

Ao lado da teoria do "risco da atividade" ou "do risco criado", o novo Código Civil contempla a hipótese de responsabilidade objetiva, quando a lei a ela referir-se expressamente. Nessas ocorrências, aplicar-se-á a responsabilidade objetiva quando a legislação regente daquele ato ou negócio jurídico prever a sua utilização. Indigitada previsão, também presente em parte da redação do parágrafo único do art. 927 do novo Código Civil, remete a situações especiais [v.g. da responsabilidade das pessoas jurídicas de direito público e direito privado, prestadoras de serviços públicos, estabelecida pelo art. 37, § 6º, da Constituição Federal, da responsabilidade objetiva prevista nos arts. 12 e 14 do Código de Defesa do Consumidor, da responsabilidade prescrita na legislação sobre meio ambiente (Lei 6.938/81), daquela contida no Código de Trânsito Brasileiro (Lei 9.503/97), e na lei que regula as atividades de exploração nuclear (Lei 6.453/77)], e indica mais uma vez a condição de exceção da responsabilidade objetiva, remetendo à sua incidência, quando a lei assim especificar. Tal não nos permite outra ilação, a não ser a de que salvo especificação legal em contrário, e não sendo hipótese de desempenho regular da atividade potencialmente arriscada, aplica-se a regra geral, qual seja, a da responsabilidade subjetiva, apurando-se a culpa através da imposição do encargo do ônus probante à vítima ou mediante a presunção de culpa em desfavor do agente causador do dano.

Pelo que pudemos analisar, a criação da teoria da responsabilidade objetiva teve como fim precípuo conferir a possibilidade de reparação para aquelas situações em que a responsabilidade subjetiva não teria presteza, dada a constante necessidade de comprovação da conduta culposa ou dolosa, derivada sempre de um ilícito praticado pelo agente. Constatada esta necessidade, legislações específicas passaram a admitir a possibilidade da responsabilidade objetiva. O legislador que pôs a lume o Novo Código Civil, visualizou que, o desenvolvimento de algumas atividades potencialmente geradoras de riscos incomuns, justificavam a responsabilização do agente, sem sequer ser necessária a verificação do seu agir, uma vez que a elevação do perigo de dano seria fator suficiente à pronta necessidade de indenização da vítima.

criando riscos de prejuízos para os outros, de que resulta o justo ônus dos encargos", (ob. cit. p. 457)

Não teve a gênese da responsabilidade objetiva como móvel a repressão de condutas indevidas, mas sim a viabilidade de indenização por vítimas não tuteladas pela responsabilidade subjetiva, mas que devem ser indenizadas por causa do caráter potencialmente lesivo, em razão do risco envolvido, da atividade desempenhada.

Se, de um lado, a responsabilidade subjetiva busca indenizar o lesado e educar a vontade do agente, para que reflita e, no futuro, se porte de maneira condizente, de outro lado, a responsabilidade objetiva volta-se mais à vítima, lastreada que está na necessidade de indenizá-la em situações especiais, no caso do Novo Código Civil "quando a atividade normalmente desenvolvida pelo autor do dano implicar, por sua natureza, risco para os direitos de outrem" (parágrafo único do art. 927).

No presente estudo já tivemos a oportunidade de analisar os princípios basilares que passaram, com o advento do Novo Código Civil, a reger os atos e as relações travadas no âmbito do direito privado. Nos detivemos, na sequência, na análise, para nós indispensável à demonstração da ideia central a que nos propusemos, da estrutura normativa da responsabilidade civil atualmente vigente. Cumpre-nos, nos tópicos que seguirão, voltar nossa atenção aos princípios basilares dos mercados financeiro e de capitais e aos fundos de investimento propriamente ditos, atrelando tais ideias àquelas já desenvolvidas, com o que esperamos alcançar nosso objetivo principal, definindo a natureza da responsabilidade civil dos administradores e gestores de fundos de investimento.

Segunda Parte

4. Dos Princípios que Informam o Direito dos Mercados Financeiro e de Capitais

A pesquisa científica acerca da natureza da responsabilização civil dos administradores e gestores de fundos de investimento é questão que nos remete tanto ao universo das normas compreendidas pelo Direito Civil como das relativas à estruturação jurídica dos fundos de investimento, questão que se insere na disciplina organizacional do Direito dos Mercados Financeiro e de Capitais, cada qual com um subsistema normativo próprio.

No início deste livro ocupamo-nos dos princípios formadores da nova codificação civil, os quais, como vimos, se destinam a orientar – de forma vinculativa e não apenas programática – a correta compreensão dos acontecimentos à luz das normas ora vigentes. Como não poderia deixar de ser, para ingressarmos no estudo dos fundos de investimento, mais especificamente nas indagações voltadas à hipótese de responsabilização civil de seus administradores e gestores, com a mesma razão devemos nos dedicar aos princípios que informam o direito dos mercados financeiro e de capitais, ramo do direito que se presta à regulamentação das atividades desenvolvidas no âmbito do respectivos mercados.

A formação do mercado financeiro e do mercado de capitais surgiu em decorrência da evolução da troca de riquezas entre os homens, alguns conseguindo amealhar e poupar mais recursos que os outros, gerando disponibilidades financeiras hábeis à concessão de crédito àqueles que não conseguiam desfrutar de capital suficiente à realização de seus anseios pessoais ou empresariais[86].

Com o incremento das atividades comerciais e financeiras tornou-se imperiosa a formulação de mercados financeiros, voltados primordialmente à intermediação do crédito entre as unidades econômicas superavitárias e aquelas deficitárias[87], assim como de mercados de capitais organizados, que viabilizassem a captação de recursos – sem contar, contudo, com uma unidade intermediadora – pelos empresários que deles necessitavam para levar avante seus projetos ou mesmo a sua subsistência no mercado explorado.

Atualmente, "ao observarmos as atividades econômicas contemporâneas, é fácil verificarmos duas forma principais de financiamento: (i) a que se dá pela atividade creditícia dos bancos e demais instituições financeiras, emprestando recursos próprios ou de terceiros; e (ii) a que se dá por captação de recursos realizada pelos tomadores de capitais diretamente junto aos investidores sendo o primeiro aquele onde se encon-

---

[86] Marcos Cavalcante de Oliveira explicita bem essa ponderação: "É muito importante notar que os mercados financeiros são o próprio encontro entre aquelas pessoas que estão dispostas a ser provedoras de recursos oriundos de suas poupanças e aquelas outras que estão necessitadas de fundos para realizar seus investimentos. Nesse encontro, as unidades provedoras de fundos cedem seu dinheiro recebendo em troca apenas promessas, as quais são como que "embaladas" na forma de direitos e serviços financeiros, tais como ações, depósitos a prazo e à vista, apólices de seguro, contratos de empréstimo e outros. Esses instrumentos financeiros prometem ao provedor de fundos um fluxo de receita futura na forma de dividendos, juros, tarifas, aluguéis ou indenizações de seguros. O provedor de fundos só os cede para o outro fazer seus investimentos porque espera receber de volta o principal emprestado e mais uma remuneração por ter aguardado que o investidor usasse os fundos pelo tempo contratado". (Moeda, Juros e Instituições Financeiras – Regime Jurídico. Rio de Janeiro: Ed. Forense, 2006, p. 12).

[87] Na conceituação fornecida pelo Professor Jairo Saddi, em sua esclarecedora obra voltada à regulação bancária, "a economia da intermediação financeira baseia-se no binômio facilitação da poupança e geração de investimentos por meio da provisão de liquidez aos agentes econômicos. As eficiências e potenciais reduções dos custos de transação ocorrem quando se dá o encontro desses agentes com coincidências recíprocas de intentos: os que pretendem investir, de um lado, e os que pretendem emprestar, de outro. Tal processo transforma poupança ou em investimento (por via do crédito) em "unidades" aceitáveis e atrativas tanto para os agentes investidores como para os tomadores. A esse processo dá-se o nome de transmutação. Somente por essa razão, o mercado financeiro já mereceria uma regulação específica". (Crise e Regulação Bancária – Navegando mares revoltos. São Paulo: TextoNovo, 2001, p. 57-58)

DOS PRINCÍPIOS QUE INFORMAM O DIREITO DOS MERCADOS FINANCEIRO E DE CAPITAIS

tram as operações chamadas bancárias, contando com intermediação de instituições financeiras, e o segundo o mercado de captação de recursos de forma direta pelos tomadores junto aos investidores"[88].

Naturalmente, como as atividades de concessão de crédito – tenham elas se dado por intermédio de obrigações em que o banco aparece na ponta credora (*v.g.* dos financiamentos), ou na ponta devedora (*v.g.* dos Certificados de Depósito Bancários), originando operações bancárias *ativas* ou *passivas,* como a doutrina comumente se refere[89] –, e as atividades desenvolvidas nos mercados de capitais, importam na movimentação da poupança nacional, elas criam reflexos inúmeros de ordem macroeconômica. São exemplos desses reflexos a interferência na política monetária do país[90], e mesmo na higidez do sistema bancário, abalável que é pela possibilidade de risco sistêmico, configurado pela propagação dos efeitos da crise de uma unidade financeira às demais

---

[88] QUEIROZ, José Eduardo Carneiro (O Conceito de Valor Mobiliário e a Competência da Comissão de Valores Mobiliários e do Banco Central do Brasil – Aspectos Atuais do Direito do Mercado Financeiro e de Capitais. Coord. de Roberto Quiroga Mosquera. São Paulo: Dialética, 1999, p. 131-132. Em rumo semelhante, Roberto Quiroga Mosquera explica que é "importante frisar que no mercado financeiro as entidades financeiras são partes nas relações jurídicas respectivas, assumindo riscos e sendo sujeitos de direitos e obrigações das operações de crédito realizadas. O detentor e o tomador de recursos não se relacionam diretamente. Entre eles surge a instituição financeira captando e repassando os valores respectivos. (...) Diferentemente do mercado financeiro, no mercado de capitais a mobilização da poupança se realiza, em regra, diretamente, isto é, detentor e tomador de recursos se relacionam diretamente. Nesse mercado, a entidade financeira não se intromete entre eles captando e repassando valores. Ao revés, ela sai do meio do fluxo de capitais; ela não figura como parte de qualquer espécie de relação creditícia. No mercado de capitais, a entidade financeira apenas figura como interveniente obrigatória, sem, porém, assumir riscos de crédito" (Os Princípios Informadores do Direito do Mercado Financeiro e de Capitais – Aspectos Atuais do Direito do Mercado Financeiro e de Capitais. Coord. Do mesmo autor. São Paulo: Dialética, 1999, p. 259-260).

[89] Como leciona Sergio Carlos Covello, as operações bancárias fundamentais – daquelas correlatas à intermediação financeira – "dividem-se em passivas (as que têm por objeto a procura e provisão de fundos, sendo assim denominadas por importarem em ônus e obrigações para o Banco, que, na relação jurídica, se toma devedor) e ativas (as que visam à colocação e ao emprego desses fundos; por meio destas operações, os Bancos se tornam credores do cliente)." (Contratos Bancários. São Paulo: Ed. Leud, 4ª edição, 2001, p-38).

[90] Cf. registro de Marcos Cavalcante de Oliveira: "Política monetária é o conjunto de princípios, normas e programas adotados por um país para criar, administrar e transferir moeda no país, mediante a combinação do arcabouço legislativo com a atuação do Banco Central" (ob. cit. p. 176).

que integram o mercado bancário. Importante também destacar, como efeito consequente, o dano à saúde financeira dos correntistas e dos investidores, atingíveis que são por eventos financeiros indesejados, com impacto negativo no interesse dos investidores nacionais e estrangeiros, sempre preocupados em aportar seus recursos em mercados financeiros e de capitais saudáveis, permeados por normas regulatórias bem definidas, para só citar algumas hipóteses imagináveis. Por tudo isso, concluímos ser imperiosa a regulação eficiente destes mercados para o seu desenvolvimento salutar e para a própria salvaguarda da economia nacional[91].

As normas que regulam o direito dos mercados financeiro e de capitais encontram-se hierarquicamente organizadas, estando o seu pressuposto de validade inserido no artigo 192 da Constituição Federal de 1988, que delineia os nortes a serem seguidos pelo legislador infraconstitucional, quando da regulamentação da matéria. Como ainda não foi editada a lei complementar tendente à nova normatização do Sistema Financeiro Nacional, compreende-se que a legislação preexistente à ordem constitucional instaurada em 1988 fora recepcionada pela Carta Magna em vigor com o *status* de lei complementar, de forma que os documentos legais básicos à regulação dos mercados financeiro, de capitais e de valores mobiliários, continuam respectivamente sendo as Leis nº 4.595/64[92], 4.728/65 e 6.385/76. Abaixo da Constituição Federal

---

[91] Sobre a necessidade de regulação do mercado financeiro, Jairo Saddi prega que "em síntese, em função da especialidade dos bancos, poder-se-ia dizer que são três as razões – ou justificativas – em face das quais o Estado regula os bancos; 1. Do ponto de vista do consumidor (e cidadão), protegê-lo do risco desmedido, já que os efeitos de qualquer crise bancária se alastram por toda a economia e afetam gravemente a sociedade. 2. Do ponto de vista sistêmico, garantir a eficiência, higidez e solidez do sistema, através da redução dos custos de transação e informação, ao aumentar a transparência nas operações bancárias. 3. Do ponto de vista concorrencial, garantir que não haverá competição predatória ou monopolista e que, na atividade bancária, todos serão tratados igualmente" (ob. cit. p. 62).

[92] Na esteira do ensinamento do Professor Celso Ribeiro Bastos: "De acordo com o mandamento constitucional, só mediante edição de lei complementar é que o legislador poderá regulamentar o sistema financeiro. (...) Como se sabe, enquanto o Congresso Nacional não tiver estruturado o sistema financeiro nacional de maneira diferente, prevalecerão as normas da Lei n. 4.595, de 31 dc dezembro de 1964 (também conhecida como Lei da Reforma Bancária), que dispõe sobre a Política e as instituições monetárias, bancárias e creditícias, criando o Conselho Monetário Nacional". (Da Ordem Econômica e Financeira – Curso de Direito Constitucional. São Paulo: Saraiva, 20ª edição, 1999, p. 476-477).

e das leis complementares, sobredito sistema jurídico é regulamentado por leis ordinárias, medidas provisórias, as resoluções do Conselho Monetário Nacional, atos normativos do Banco Central do Brasil (usualmente por Circulares) e da Comissão de Valores Mobiliários (que o faz por Instruções).

O sistema jurídico que contém os comandos normativos relativos ao direito dos mercados financeiro e de capitais, como qualquer outro sistema legal, é norteado por princípios que lhe conferem coerência, harmonia e legitimidade, servindo não apenas como justificativa para a existência das normas que a estes prestam obediência, mas principalmente como vetores à correta compreensão das disposições hierarquicamente organizadas que o integram, os quais, para não fugirem da lógica peculiar deste sistema, não poderão divergir do foco indicado pelo princípio regedor – isto é, informador – da sua correta interpretação.

Os princípios anotados pela doutrina[93] como prescrições orientadoras do sistema jurídico integrado pelas normas pertinentes ao direito dos mercados financeiro e de capitais são: (i) princípio da proteção da mobilização da poupança nacional; (ii) princípio da proteção da economia popular; (iii) princípio da proteção da estabilidade da entidade financeira; (iv) princípio da proteção do sigilo bancário; e (v) princípio da proteção da transparência de informações.

4.1. Princípio Da Proteção Da Mobilização Da Poupança Nacional

O artigo 192 da Constituição Federal de 1988, norma matriz da regulamentação do mercado financeiro e de capitais, determina textualmente que o Sistema Financeiro Nacional deve ser estruturado de forma a promover o desenvolvimento equilibrado do País e a servir aos interesses da coletividade.

Para a promoção do desenvolvimento equilibrado do País e a colocação do sistema financeiro a serviço dos interesses da coletividade, necessário é que a mobilização da poupança nacional efetivamente ocorra, ou seja, somente com um sistema financeiro em que o fluxo de capitais seja eficiente, migrando, em condições de mercado, das mãos daqueles que

---

[93] Encontrados em artigo da autoria do Professor Roberto Quiroga Mosquera, com o título de "Os Princípios Informadores do Direito do Mercado Financeiro e de Capitais" (ob. cit. p. 257-271).

dispõe de fontes de financiamento para aqueles que delas necessitam, é que poderá cogitar-se do desenvolvimento equilibrado do País e do atendimento aos interesses da coletividade.

Sabidamente, com a mobilização dos recursos amealhados pelos entes econômicos superavitários – os detentores de poupança – àqueles deficitários é que a economia poderá desenvolver-se, resultando no incremento das relações empresariais. De igual forma, a movimentação dos recursos financeiros é condição para o atendimento, pelo Sistema Financeiro Nacional, dos interesses da coletividade, visto que um sistema financeiro que não prestigie a mobilização de recursos estará dificultando a chegada de capital aos que dele necessitam, deixando de atender ao preceito constitucional ora comentado.

No registro de Roberto Quiroga Mosquera; "Um mercado de crédito eficiente e que dê oportunidade àqueles sedentos de capitais implicará uma realidade econômica mais competitiva, mais justa. Um mercado de capitais dinâmico, com a troca de recursos financeiros entre seus participantes atenderá, de igual maneira, o objetivo pretendido pelo legislador constitucional, qual seja, fazer o bem comum; servir a comunidade brasileira"[94].

No contexto considerado, o princípio da proteção da mobilização da poupança nacional deve ser seguido pelo legislador infraconstitucional ao editar normas que regulamente os mercados financeiros e de capitais, que jamais poderão implicar a estagnação da poupança nacional, sob pena de inconstitucionalidade. Por outro lado, o mesmo princípio haverá de ser seguido como orientação para a intelecção das normas relativas ao mercado financeiro e de capitais, restando incorreto advogar--se o emprego de interpretação normativa que implique a restrição da movimentação dos ativos integrantes da poupança nacional[95].

---

[94] Ob. cit. p. 264.

[95] Em importante registro sobre o tema Marcos Cavalcante de Oliveira destaca que as normas que regulamentam o Sistema Financeiro Nacional e consequentemente o fluxo monetária na economia acabam admitindo o status de normas de ordem pública, justamente por zelarem por interesses de toda coletividade e não somente dos envolvidos em determinada relação financeira, assim ponderando: "Esta interconexão entre moeda, juros, crédito e o funcionamento da economia como um todo levou os juristas a afirmarem que as normas disciplinadoras destas matérias não visam, prioritariamente, à orientação das relações individuais, mas à preservação da ordem econômica e social, disso decorrendo o reconhecimento de que as normas que regem os meios de pagamento, o preço do dinheiro e o crédito são

4.2. Princípio da Proteção da Economia Popular

Da abordagem do princípio da movimentação da poupança popular extraímos que o sistema financeiro deve desenvolver-se de modo a prover o desenvolvimento equilibrado do País e servir aos interesses da coletividade. Poderão, contudo, surgir determinadas circunstâncias em que a movimentação de capitais entre poupadores e os entes financeiramente necessitados se interrompa, gerando crises pontuais ou mesmo sistêmicas.

Como visto, nas relações entabuladas no mercado financeiro, as instituições bancárias realizam a intermediação de crédito, assumindo tanto a ponta credora das operações quanto a devedora, em outras. Caso ocorra inadimplência em qualquer das operações entabuladas, a movimentação dos recursos não ocorrerá. Da mesma forma, se as obrigações firmadas no âmbito do mercado de capitais não forem cumpridas, resultando em interrupção do fluxo de capitais que deveria ocorrer, caso performada fosse a operação entabulada, o ingresso de capitais ficaria prejudicado para aqueles que destes necessitam.

Em ambas as hipóteses estará prejudicada a economia como um todo, visto que a alavancagem de capitais, via financiamento pelos mercados financeiro ou de capitais, será incipiente para o suprimento do desenvolvimento do comércio, da indústria, da produção agrícola, dos serviços..., enfim de todas as atividades que provêm o salutar incremento das atividades econômicas[96].

normas de ordem pública." (ob. cit. p. 28). No mesmo entendimento o Superior Tribunal de Justiça, conforme destacado pelo mesmo autor, já se posicionou em diversos acórdãos, como no RMS 16.344/DF, rel. Min. Hamilton Carvalhido, 6ª Turma, julgado em 02.09.2003, DJ 06.10.2003; RMS 13.693/DF, rel. Min. Jorge Scartezzini, 5ª Turma, julgado em 27.11.2001, DJ 18.02.2002, p.472 e RESP 338.061/SP, rel. Min. Nancy Andrighi, 3ª Turma, julgado em 19.02.2002, DJ de 23.09.2002, p. 353

[96] A este propósito, como destacado no Plano Diretor do Mercado de Capitais, formulado a partir de estudos do Instituto Brasileiro de Mercado de Capitais – Ibmec (atual Insper): "1) O anseio nacional pela retomada do crescimento econômico sustentado exige que o desenvolvimento do mercado de capitais seja incorporado aos planos governamentais como prioridade absoluta. Trata-se de condição necessária à disponibilização de recursos em condições internacionalmente competitivas para o financiamento dos investimentos privados. 2) Os bancos, bolsas de valores, sociedades corretoras, administradores de recursos, investidores institucionais e todos os demais agentes de mercado de capitais e do sistema financeiro privado deverão assumir o papel central na mobilização e alocação de recursos na economia brasileira, até agora desempenhado pelo setor público. O Governo e as entidades privadas ligadas ao mercado de capitais e ao sistema bancário deverão criar todas as

Mais especificamente, a economia popular ficará afetada caso o poupador, ao investir, não consiga recuperar o capital empregado, ou mesmo inexista crédito e segurança aos depositários de capital. Caso isso se propague em cadeia, o mercado é colocado em crise, inviabilizando não só o desenvolvimento econômico globalmente considerado, mas, mais especificamente, a garantia de retorno dos créditos, aplicações e depósitos realizados pela população. Por esse motivo, é imperiosa a adoção do princípio que visa a proteção da economia popular, orientando a criação de normas infraconstitucionais voltadas à segurança dos poupadores, cujos recursos serão diretamente afetados por qualquer ocorrência negativa que abale a estabilidade do sistema financeiro.

Tal diretiva encontra-se presente no inciso V, do artigo 192 da Constituição Federal, devendo o legislador, ao regulamentar o Sistema Financeiro Nacional, prever a criação de fundo ou seguro, com o objetivo de proteger a economia popular, garantindo créditos, aplicações e depósitos até determinado valor.

Além do comando constitucional, a legislação que atualmente regulamenta o setor contempla a defesa da economia popular por meio da imposição de condições a serem atendidas pelos interessados no desempenho das atividades dos mercados financeiro e de capitais, prevendo, ademais, normas sancionadoras coibindo a prática de ilícitos nesses mercados. Dito arcabouço normativo chega inclusive a viabilizar a intervenção estatal em tais instituições, visando justamente a salvaguarda da poupança popular, que ficaria muito prejudicada por sua eventual quebra[97].

---

condições e implementar as ações necessárias para que o sistema financeiro privado possa desempenhar com eficiência e eficácia essa função" (Plano Diretor do Mercado de Capitais. Coleção Estudos Ibmec – v.2. Org. Carlos Antonio Rocca. Rio de Janeiro: Ed. José Olympio, 2002, p. 40).

[97] Na advertência de Jairo Saddi: "O Banco Central, mediante alguns limites legais, está autorizado a intervir diretamente nas instituições do Sistema Financeiro Nacional de modo a resguardar os depositantes de práticas bancárias perigosas ou inadequadas. Tem a autoridade para requerer aos bancos que cancelem ativos de má qualidade, devolvam ou implementem planos que fortaleçam suas posições de capital. Cabe à autoridade monetária emitir sinais de advertência quanto a situação de cada instituição, a fim de garantir ao depositante segurança de suas aplicações. Ou seja, o Banco Central, numa feliz analogia do Prof. Mário Henrique Simonsen, não pode se comportar como "um médico cuja única responsabilidade é assinar o atestado de óbito" (O Poder e o Cofre – Repensando o Banco Central. São Paulo: Textonovo, 1997, p. 237).

Devemos ainda ressaltar que o princípio da proteção da economia popular é de fundamental importância para o desenvolvimento dos mercados financeiros e de capitais, na medida em que a normatização regulamentar que assegure claramente condições favoráveis de investimento, viabilizará o ambiente apropriado de incentivo ao ingresso de novos recursos nos respectivos mercados. Esse princípio vai de encontro ao disposto pelo artigo 192 da Constituição Federal, ao estabelecer que o Sistema Financeiro Nacional deverá ser regulamentado de forma a promover o desenvolvimento equilibrado do País e a prestação de serviços à coletividade nacional. É notório que a ausência da proteção à economia popular afugentaria possíveis investidores, em razão do temor gerado pelo elevado risco de perda do capital aportado.

4.3. Princípio Da Proteção Da Estabilidade Da Entidade Financeira

O princípio da estabilidade da entidade financeira decorre por lógica do princípio da proteção à economia popular, estando a esse diretamente ligado, dado que a proteção da economia popular somente pode ser viabilizada com a estabilidade das instituições que operam nos mercados financeiros e de capitais.

No desenho do Sistema Financeiro Nacional as entidades financeiras cumprem a função primordial de intermediação das operações de crédito e de prestação de serviços nas operações que, não diferentemente, resultam em transferência de recursos, movimentando a poupança nacional. Para que o mercado financeiro e de capitais sobreviva e, no possível, se desenvolva, é imperioso que as entidades financeiras sejam estáveis proporcionando um sistema financeiro rígido, em outras palavras, que possua mecanismos eficientes para o controle e prevenção de situações de crise sistêmica[98].

---

[98] Novamente no entendimento de Jairo Saddi: "A noção da regulação bancária baseia-se sobretudo na tentativa de evitar crises sistêmicas – ou a quebra generalizada de bancos – e garantir o financiamento normal e eficiente das instituições. Contudo, é equivocado dizer que a regulação bancária somente vise a impedir a quebra de bancos. Seria o mesmo que afirmar que bancos estão proibidos de falir – o que, ao menos no sistema capitalista, é um completo disparate. É mais adequado afirmar que a regulação bancária tem como meta reduzir a possibilidade de quebra e o risco de que essa quebra contamine os demais bancos" (Crise e Regulação Bancária, ob. cit. p.44)

Visando o atendimento desse princípio, as normas que atualmente regulamentam os mercados financeiro e de capitais, no que se incluem os atos normativos emanados pelo Conselho Monetário Nacional, Banco Central e Comissão de Valores Mobiliários, dispõem, como já ressaltamos, condições específicas para se atuar em cada mercado – medidas de fiscalização, de responsabilização, e, se for o caso, de intervenção nas instituições, sempre objetivando a sua estabilidade, reduzindo os riscos que cercam as instituições, e especialmente a possibilidade da ocorrência ou propagação no mercado de crises pontuais que aflijam qualquer agente financeiro[99].

É relevante, assim, que as normas que regulamentem os mercados financeiro e de capitais observem regiamente o princípio da proteção da entidade financeira, postulado esse intrinsecamente ligado à intelecção do artigo 192 da Constituição Federal[100], sob pena de incorrer o legislador complementar em inconstitucionalidade.

Com ponderação semelhante, o Professor Gustavo Loyola prega que: "o fator determinante da regulação financeira é o fato de que o passivo dos bancos ser constituído de depósitos de pequenos depositantes que não tem incentivos ou conhecimento para influenciar na gestão dessas instituições. Por causa disso, esses depositantes devem ser representados por um agente público ou privado. O objetivo da regulação é, portanto, o de prover uma representação ativa dos depositantes na gestão dos bancos". (Teoria Geral da Regulação, Apresentação de março de 2003, no LL.M. em Direito do Mercado Financeiro e de Capitais do Insper).

[99] Como ressalta o Professor Gustavo Loyola, tal preocupação há muito já vem sendo observada pelo Comitê de Supervisão Bancária da Basiléia, ponderando que: "O foco inicial do trabalho do Comitê recaiu sobre dois campos: – Definição de princípios para a supervisão de bancos operando em mais de um país; – Adequação do capital dos bancos ao risco de crédito. Posteriormente, o Comitê tratou de outros temas como: – Adequação do capital dos bancos ao risco de mercado; – Estabelecimento de princípios básicos e supervisão bancária" (Regulação do Mercado Financeiro – V – Cooperação internacional: Os Acordos da Basiléia. Aula proferida em março de 2003, no LL.M. em Direito do Mercado Financeiro e de Capitais do Insper).

[100] Na observação de Roberto Quiroga Mosquera: "A quebra de uma entidade ligada ao Sistema Financeiro Nacional corresponde, em última instância, à falência dos clientes dessa entidade, isto é, o colapso dos bancos gera o colapso de seus correntistas. Quem quebra não é apenas o banqueiro, quebra, também, o cliente do banqueiro. Daí por que, assim como o direito do mercado financeiro e de capitais dá segurança à economia popular, deve esse enredo normativo atribuir estabilidade às entidades financeiras. Assim procedendo, o legislador estará realizando seu objetivo primeiro, ou seja, o atingimento do desenvolvimento equilibrado do País e o atendimento dos interesses da coletividade". (ob. cit. p. 267-268)

Do mesmo modo, a compreensão a ser abstraída da normalização que sistematicamente regulamenta o setor, deverá convergir no sentido de que a estabilidade das entidades financeiras é um bem comum de primeira ordem[101], dada a sua caracterização como condição indissociável de defesa da economia popular, o que justifica plenamente a adoção de medidas extraordinárias para a salvaguarda dos ativos administrados pelas entidades que atuam nos mercados financeiro e de capitais.

4.4. Princípio da Proteção do Sigilo Bancário

O princípio da proteção do sigilo bancário impõe que as operações firmadas no âmbito dos mercados financeiros e de capitais tenham caráter sigiloso, não podendo, por conseguinte, ser reveladas.

A base do sigilo bancário encontra-se amparada pelo direito à intimidade, com *status* de garantia constitucional (cf. artigo 5º, incisos X e X II, da Constituição Federal), o que implica a impossibilidade de as pessoas físicas e jurídicas que usualmente têm acessos a dados financeiros, tais como depósitos bancários, aplicações financeiras, operações com valores mobiliários etc., poderem dar ciência destes a quem quer que seja.

A garantia do sigilo bancário não é, entretanto, absoluta, uma vez que o ordenamento jurídico vigente contempla hipóteses que implicam na sua revelação. A justificativa para a abertura do sigilo bancário é a necessidade de se coibir práticas delituosas, cujo resultado financeiro encontra-se mascarado pelo sigilo bancário, de modo que, excepcional-

---

[101] O Professor de Economia da Harvard University N. Gregory Mankiw, ao abordar a questão, escreveu que: "In particular, they serve as intermediaries between those people who have income they want to save and those people who have profitable investment projects but need to borrow the invest. When banks become insolvent or nearly so, they are less able to serve this function. Financing constraints become more prevalent, and some investors are forced to forgo some potentially profitable investment projects. Such an increase in financing constraints is sometimes called a credit crunch", (Macroeconomics. New York: Worth Publishers, 4ª ed., 2000, p. 475). Em nossa tradução livre: "As instituições financeiras servem de intermediárias entre as pessoas que possuem renda e desejam preservá-las e aquelas que possuem projetos de investimentos proveitosos, mas que precisam tomar emprestado os recursos necessitados. Quando os bancos se tornam insolventes ou quase insolventes, eles deixam de cumprir tal função. As restrições financeiras ficam mais frequentes, e alguns investidores são forçados a abandonar investimentos em projetos potencialmente proveitosos. O aumento nas restrições financeiras de tal ordem algumas vezes é denominado de credit crunc".

mente, poderá o mesmo ser "quebrado", adentrando-se nos dados bancários da pessoa suspeita. Por outro lado, também tem-se admitido dar tratamento excepcional ao sigilo bancário quando da exigibilidade de débitos, aferindo-se a existência de patrimônio não revelado espontaneamente pelo devedor; com o objetivo de verificar a sua movimentação financeira, para fins de apuração de eventual sonegação fiscal; ou, até mesmo, em demandas processuais em que a movimentação financeira serve como parâmetro para aferir a capacidade de pagamento e/ou existência de patrimônio da parte demandante ou demandada[102].

Certamente, se não fosse garantido o sigilo das operações realizadas nos mercados financeiros e de capitais, as pessoas não teriam a liberdade e segurança que atualmente desfrutam para transferir seus recursos, o que poderia resultar em dificuldade à movimentação da poupança nacional, que, na esteira do esposado, constitui item imprescindível ao desenvolvimento equilibrado do País e ao atendimento dos interesses da coletividade, servindo, desta forma, como princípio informador do direito dos mercados financeiro e de capitais, a ser observado pelo legislador ao versar sobre as normas que integram esse sistema, e a dirigir a respectiva atividade hermenêutica.

---

[102] Recente acórdão proferido pelo Superior Tribunal de Justiça, adotando o entendimento, já pacificado, de que o sigilo bancário não é absoluto, assim concluiu: "2. O resguardo de informações bancárias era regido, ao tempo dos fatos que permeiam a presente demanda (ano de 1988), pela Lei 4.595/64, reguladora do Sistema Financeiro Nacional, e que foi recepcionada pelo art. 192 da Constituição Federal com força de lei complementar, ante a ausência de norma regulamentadora desse dispositivo, até o advento da Lei Complementar 105/2001. 3. O art. 38 da Lei 4.595/64, revogado pela Lei Complementar 105/2001, previa a possibilidade de quebra do sigilo bancário apenas por decisão judicial.(...) 5. A possibilidade de quebra do sigilo bancário também foi objeto de alteração legislativa, levada a efeito pela Lei Complementar 105/2001, cujo art. 6º dispõe; "Art. 6º As autoridades e os agentes fiscais tributários da União, dos Estados, do Distrito Federal e dos Municípios somente poderão examinar documentos, livros e registros de instituições financeiras, inclusive os referentes a contas de depósitos e aplicações financeiras, quando houver processo administrativo instaurado ou procedimento fiscal em curso e quando tais exames forem considerados indispensáveis pela autoridade administrativa competente. (...) 9. Inexiste direito adquirido de obstar a fiscalização de negócios tributários, máxime porque, enquanto não extinto o crédito tributário, a Autoridade Fiscal tem o dever vinculativo do lançamento em correspondência ao direito de tributar a entidade estatal." (Medida Cautelar, Processo RJ nº 2003/0189806-1, Relator o Ministro Luiz Fux, Primeira Turma do Superior Tribunal de Justiça).

4.5. Princípio da Proteção da Transparência das Informações

Enquanto o princípio da proteção do sigilo bancário tutela as informações privativas relativas às operações realizadas nos mercados financeiro e de capitais, o princípio da transparência das informações visa assegurar a igualdade ao acesso às informações públicas a todos os participantes envolvidos, fator essencial para a existência de mercados organizados.

Para que o mercado financeiro e, especialmente, o de capitais funcione de maneira adequada, é imprescindível que aqueles que os procurem – seja para realizar investimentos, ofertar valores mobiliários, para contrair empréstimos, dentre outras finalidades – desfrutem de igualdade de informações em relação aos demais, sendo vedado privilegiar alguém com o fornecimento exclusivo de um conhecimento que deveria ser acessível ao público.

Havendo simetria na veiculação das informações, os mercados financeiro e de capitais funcionam com total "neutralidade de oportunidades nos negócios"[103] sem que condições artificiais, geradas por intermédio da obtenção de informações privilegiadas – *insider information*[104] – interfiram nos resultados que seriam obtidos se a aquela informação houvesse sido revelada com total transparência e simultaneidade ao domínio público, permitindo com isso homogeneidade na interpretação dos investidores.

Ao estudar as falhas do mercado, o Professor Fábio Nusdeo ensina que "um outro pressuposto básico do sistema descentralizado vem a ser o acesso de todos os operadores do mercado, ou seja, de todos aqueles que nele exerçam alguma influência, às informações sobre o mesmo e sobre as características dos produtos nele negociados". Indica o estudioso a "falta de acesso à informação" como uma das cinco principais falhas do mercado, que reclamaram a (re)introdução do Estado no sistema econômico, visando eliminá-las ou mesmo atenuá-las[105].

---

[103] MOSQUERA, Roberto Quiroga. ob. cit. p. 270.

[104] A informação privilegiada também pode decorrer de procedimento inverso, em que a informação, não obstante o seu caráter sigiloso, é divulgada a algum operador de mercado, que, na posse dela, passa a atuar em condições de desigualdade em relação aos demais participantes, gerando, com isso, condições artificiais de mercado.

[105] in Curso de Economia – Introdução ao Direito Econômico, São Paulo: Revista dos Tribunais, 2001, p. 143-166.

Logo, vige como regra do direito dos mercados financeiro e de capitais a transparência no fornecimento de todas as informações que possam influir nas decisões negociais daqueles que a estes se dirigem. Têm assim, os agentes ligados ao mercado financeiro e, especialmente, ao de capitais (entidades financeiras, companhias abertas e entidades governamentais) o dever de total transparência (*full disclosure*) no que tange às informações públicas obtidas[106], atendendo não só ao anseio dos investidores, mas também dos agentes necessitados de financiamento, que certamente deixariam de ir a mercado se estivessem cientes de que as suas condições podem ser alteradas por informações privilegiadas.

Em razão do exposto, qualquer norma infraconstitucional a ser editada, ou mesmo a atividade de interpretação normativa, deve levar em conta que o princípio da proteção da transparência de informações é elemento integrante do processo de desenvolvimento equilibrado do País e necessário ao atendimento dos interesses da coletividade, atendendo, desse modo, ao comando constitucional introduzido no artigo 192 da Constituição Federal.

---

[106] Mais especificamente sobre o mercado de capitais, Nelson Laks Eizirik deixa claro que: "A Lei nº 6.385/76, de acordo com a política de disclosure que rege o funcionamento de nosso mercado de capitais, exige que toda e qualquer emissão pública de valores mobiliários seja procedida de registro na C.V.M. sendo que os objetivos essenciais da lei, são: a) proteger os investidores, assegurando-lhes um nível adequado de informações sobre a companhia e sobre os papéis ofertados; e b) não inibir as empresas que promoverem sua capitalização no mercado de valores mobiliários. Ou seja, é necessário atentar para a disponibilidade de informações, devendo ser verificado se os ofertados, numa emissão pública de valores mobiliários, têm acesso às informações, que lhes permitam uma avaliação completa dos riscos do empreendimento." (Reforma das S.A. & do Mercado de Capitais. Rio de Janeiro: Renovar, 1998, p.151-152).

5. Do Conceito e da Natureza Jurídica dos Fundos De Investimento

Os fundos de investimento podem ser conceituados como uma comunhão de recursos aportados – por meio da aquisição de quotas de participação[107] – por investidores que, reunidos, almejam obter rendimentos sobre o capital investido, mediante a realização, pela gestão do fundo, de operações com ativos financeiros, títulos e valores mobiliários, as quais se concretizam no âmbito dos mercados financeiro e de capitais[108].

---

[107] Cf. Sheila Perricone a "quota é um título representativo de uma fração ideal do patrimônio de um fundo de investimento, que é ofertada ao público e que confere a seu titular, isto é, aquele que adquirir tal quota, o direito de participação no fundo" (Fundos de Investimento: A política de investimento e a responsabilidade dos administradores. São Paulo: Revista de Direito Bancário, do Mercado de Capitais e da Arbitragem, janeiro-março de 2001, ano 4, n. 11, p. 84).

[108] Como explica Tatiana Nogueira da Rocha; "Os fundos de investimento funcionam como uma sociedade de investidores, organizada por uma instituição financeira ou por um administrador de recursos. É uma espécie de condomínio, onde cada participante é proprietário de cotas. Nessa sociedade, cada investidor entra comprando cotas da carteira que tem o perfil desejado. E depois sai do investimento vendendo estas cotas. Os investidores movimentam livremente o capital. Os rendimentos obtidos são distribuídos aos cotistas de acordo com o número de cotas de cada um. O ganho ou prejuízo estará expresso na diferença de preço entre a compra e a venda de tais cotas". (Fundos de Investimento e o Papel do Administrador, Núcleo de Publicações Jurídicas – IbmecLaw. São Paulo: Ed. TextoNovo, 2003, p.43)

Os investidores são levados a aderir à aludida comunhão de recursos, pois, com a soma destes, menos oneroso fica o processo de contratação de administradores e gestores para o fundo[109]. Além do Administrador e do Gestor, os fundos de investimentos para o seu regular funcionamento possuem outros prestadores de serviços que podem, quando aplicável, também ser custeados pela comunhão de recursos, quais sejam: (i) a instituição distribuidora, que são as instituições intermediárias que colocam as cotas do fundo de investimento no mercado (cf. art. 15 da Lei 6.385/76, arts. 18, 19, 21 e 22 da ICVM 555/14, e também as ICVM 400/03 e 476/09); (ii) a auditoria independente, a qual, devidamente registrada na CVM (cf. ICVM 308/99), audita as demonstrações contábeis do fundo de investimento, elaborando relatórios sobre a sua consistência; (iii) agência de classificação de risco (agência de *rating*), responsável pela avaliação de risco de crédito de emissores de títulos de dívida ou de participação, de operações estruturadas e dos ativos adquiridos pelos fundos de investimento. As agências de classificação de *rating* necessitam de registro na CVM cf. previsto pela ICVM 521/12; (iv) os fundos de investimento também contam com serviço de custódia de ativos e escrituração de cotas (cf. ICVMs 542/13 e 543/13), por meio dos referidos serviços é atestada a existência e realizada a guarda dos ativos financeiros do fundo de investimento, também são registrados pelo custodiante eventos ligados aos ativos e cumpridas ordens do administrador e do gestor do fundo; (v) os fundos de investimento poderão ainda

---

[109] Quando nos referimos ao administrador do fundo, queremos indicar a instituição responsável pelo fundo de investimentos, aquela que, na esteira do artigo 78 da Instrução 555/14 da Comissão de Valores Mobiliários, exerce o conjunto de serviços relacionados direta ou indiretamente ao funcionamento e à manutenção do fundo. Já o gestor do fundo compreende "(...) a gestão profissional, conforme estabelecido no seu regulamento, dos ativos financeiros dela integrantes, desempenhada por pessoa natural ou jurídica credenciada como administradora de carteiras de valores mobiliários pela CVM, tendo poderes para: I – negociar e contratar, em nome do fundo de investimento, os ativos financeiros e os intermediários para realizar operações em nome do fundo, bem como firmar, quando for o caso, todo e qualquer contrato ou documento relativo à negociação e contratação dos ativos financeiros e dos referidos intermediários, qualquer que seja a sua natureza, representando o fundo de investimento, para todos os fins de direito, para essa finalidade; e II – exercer o direito de voto decorrente dos ativos financeiros detidos pelo fundo, realizando todas as demais ações necessárias para tal exercício, observado o disposto na política de voto do fundo.". (cf. § 3º do artigo 78, da Instrução 555/14 da Comissão de Valores Mobiliários).

DO CONCEITO E DA NATUREZA JURÍDICA DOS FUNDOS DE INVESTIMENTO

admitir por iniciativa dos cotistas, do administrador ou do gestor, conselhos consultivos, comitês técnicos ou de investimentos (cf. art. 84 da ICVM 555/14), as atribuições deste conselho deverão constar do regulamento do fundo, sendo que a existência de sua influência nas ordens de seleção e compra de ativos não exime o administrador e o gestor de suas responsabilidades sobre as operações do fundo de investimento.

Por outro lado, a comunhão de recursos tende a proporcionar ganhos que o investidor dificilmente obteria se, isoladamente e por conta própria, resolvesse aplicar sua poupança[110]. Ademais, a formação regular de um fundo de investimento gera, para os respectivos administrador e gestor, uma extensa lista de obrigações regulamentares, que atreladas à sua especialização tendem a minorar o risco que o investidor experimentaria caso se dirigisse separadamente aos mercados financeiro e de capitais[111].

[110] Importante registro sobre os Fundos de Investimento, enquanto veículo de acesso à ativos financeiros diferenciados, foi feito na monografia apresentada por Amanda Gouvêa Toledo Barreto: "Os fundos de investimento também possibilitam o acesso a produtos que talvez não estivessem disponíveis caso os cotistas decidissem alocar seus recursos no mercado isoladamente, tornando possível a aplicação de pequeno volume de recursos. Eizirik et al. Consideram que, por combinarem esta possibilidade de aplicações em pequenos volumes e a concessão de acesso, aos investidores, a uma administração profissional e especializada, os fundos de investimentos consistem em "um dos mais notáveis e democráticos instrumentos de alocação de poupança dos investidores, muitas vezes não afeitos à complexa dinâmica do mercado financeiro." (Regtechs e Fundos de Investimento disciplinados pela Instrução CVM nº 555/14. Monografia apresentada e aprovada pelo Insper para obtenção do título de LL.M. em Direito do Mercado Financeiro e de Capitais).

[111] Ricardo de Santos Freitas, em sua obra destinada a decifrar a Natureza Jurídica dos Fundos de Investimento, bem descreve o fenômeno de agrupamento de investidores, ao tratar das Instituições de Investimento Coletivo, assim ponderando: "O que a visão econômica nos mostra é, antes de mais nada, um crescimento da disposição das pessoas em agrupar recursos em uma estrutura única, com o objetivo de aplicá-los de forma mais eficiente. Este agrupamento de recursos foi adotando diferentes formas jurídicas conforme a finalidade à qual se destinava e conforme o sistema jurídico de cada país. Aqueles que se lançavam à aventura de empreender essa nova tarefa, viam diante de si um ordenamento jurídico próprio e tinham de optar pelas formas jurídicas existentes para dar vida à sua nova atividade. O elemento característico comum aos empresários de cada país era a busca por uma estrutura que permitisse maior facilidade operacional para o seu produto, possibilitando: (i) que os recursos aplicados fossem resgatáveis com relativa facilidade; (ii) que o risco do investimento fosse diluído entre os participantes em função de uma diversificação das aplicações; e (iii) que a carga fiscal incidente sobre a estrutura não inviabilizasse a operação." (Natureza Jurídica dos Fundos de Investimento. São Paulo: Quartier Latin, 2006, p. 45).

RESPONSABILIDADE CIVIL DOS ADMINISTRADORES E GESTORES DE FUNDOS DE INVESTIMENTO

Com essas características, os fundos de investimento têm atraído relevante parcela da poupança nacional, desde o público que habitualmente dirigia seus recursos à caderneta de poupança aos investidores de maior envergadura (*v.g.* dos investidores institucionais – fundos de investimento, fundos de pensão e sociedades seguradoras) que, em suma, buscam obter a melhor rentabilidade possível às suas reservas, dentro de um limite de risco suportável, variável de acordo com a avaliação subjetiva de cada poupador.

O direcionamento de parcela relevante da poupança nacional para os fundos de investimento, não só no Brasil, mas em diversos Países, tem ampliado de forma considerável os mercados financeiro e de capitais, sendo, de outro lado, ferramenta relevante, ainda que a poupança interna possa ser considerada incipiente, para o processo de desenvolvimento econômico e para a viabilidade de projetos que passaram a decolar em razão da capacidade de captação de recursos que os fundos têm admitido[112].

A atração de recursos para os fundos de investimento tem sido tamanha que, não obstante a recente queda na rentabilidade média do setor[113], o patrimônio líquido totalizado dos fundos chegou à soma apro-

---

[112] No registro de Ricardo de Santos Freitas: "Estatísticas demonstram o enorme crescimento do segmento de fundos de investimento no Brasil e no mundo. Numa perspectiva mais ampla, esse crescimento decorre da relevância que passaram a adquirir os investidores institucionais nos mercados financeiros e de capitais. Por investidores institucionais devemos entender os fundos de investimento, os fundos de pensão e as sociedades seguradoras. Devido à sua força de captação de poupança coletiva e à elevada capacitação técnica de seus administradores, essas entidades impulsionam uma transformação positiva na estrutura competitiva dos mercados financeiro e de capitais de quase todos os países desenvolvidos e em desenvolvimento. (...) Afinal, o investidor individual encontra-se hoje diante de uma árdua tarefa: identificar e compreender todos os investimentos disponíveis no mercado; acompanhar toda a carga de informação que é disponibilizada diariamente (...) e que, em maior ou menor grau, interfere na valorização ou na performance dos produtos financeiros; e analisar os riscos de cada investimento, tanto em relação a mercado quanto em relação a crédito. É nesse contexto que os fundos de investimento ganham espaço, pois, através da aplicação em um fundo, o investidor transfere a um profissional especializado a responsabilidade pela gestão de seus recursos". (Responsabilidade Civil dos Administradores de Fundos e Investimento-Aspectos Atuais do Direito do Mercado Financeiro e de Capitais, Coord. de Roberto Quiroga Mosquera, ob. cit. p. 232-234)

[113] Mesmo com as turbulências vivenciadas em agosto – sobretudo com a desvalorização de 10,1% do real decorrente do cenário externo e das incertezas eleitorais – a indústria de fundos de investimentos encerrou o mês com captação líquida positiva de R$ 12,7 bilhões, re-

DO CONCEITO E DA NATUREZA JURÍDICA DOS FUNDOS DE INVESTIMENTO

ximada de R$ 4.000.000.000.000,00 (quatro trilhões de reais)[114], montante financeiro substancialmente superior às receitas acumuladas pelas

gistrando no ano até agosto um saldo positivo de R$ 61,0 bilhões, o que corresponde a um crescimento de 6,8% em 2018. A classe de fundos de Renda Fixa atraiu R$ 9,5 bilhões de novos recursos, mantendo captação líquida positiva pelo segundo mês consecutivo. Entretanto, o resultado não foi suficiente para reverter o histórico de captações negativas ao longo do ano – o segmento acumula saída líquida de R$ 9,3 bilhões entre janeiro e agosto de 2018. A classe que apresentou a segunda maior captação líquida no mês foi a de Previdência (R$ 2,6 bilhões) com o destaque para o tipo Previdência Renda Fixa que captou R$1,4 bilhões. A classe Ações registrou captação positiva de R$ 1,6 bilhões em agosto, o resultado foi concentrado em poucos investidores e não reflete um movimento de retorno dos investidores após a fuga vivenciada nos últimos dois meses devido a deterioração do cenário econômico, doméstico e externo, e político brasileiro. A classe Multimercados captou R$ 296,6 milhões no mês, resultado muito inferior se comparado com sua média mensal no ano até julho de R$ 5,3 bilhões. No acumulado do ano ainda é a classe ANBIMA com o maior volume de captação líquida, totalizando R$ 39,1 bilhões entre janeiro e agosto de 2018. Uma postura de maior aversão ao risco por parte dos investidores (ver Boletim de Renda Fixa), explica a queda nas captações desta classe de fundos, diante do cenário de volatilidade no mercado. Dentre os tipos ANBIMA de maior representatividade o Multimercados Investimento no Exterior foi o que apresentou a melhor performance no mês (2,6%) e, também, no acumulado do ano até agosto (9,6%). Na classe Renda Fixa o tipo Renda Fixa Duração Baixa Grau de Investimento, com o maior PL da classe, obteve retorno de 0,6%. Dentro da classe Ações quase todos os tipos de fundos apresentaram rentabilidade negativa, refletindo o cenário mais adverso deste setor. (Indústria mantém captação positiva em cenário volátil. cf. Boletim de Fundos de Investimentos da Anbima, obtido em http://www.anbima.com.br/pt_br/informar/relatorios/fundos-de-investimento/boletim-de-fundos-de-investimentos/industria--mantem-captacao-positiva-em-cenario-volatil.htm, acessado em 06 de outubro de 2018).

[114] Cf. registro da ANBIMA (Associação Brasileira das Entidades dos Mercados Financeiro e de Capitais): "No ano em que atingiram patrimônio recorde de R$ 4 trilhões, os fundos de investimento registraram também a maior captação líquida da história (série iniciada em 2002): foram R$ 259,8 bilhões no total. O resultado de 2017 é o dobro do verificado em 2016, de acordo com os dados divulgados pelo boletim da ANBIMA (Associação Brasileira das Entidades dos Mercados Financeiro e de Capitais). Entre as categorias que puxaram os maiores ingressos no período, destaque aos Multimercados, com R$ 101 bilhões e crescimento de 414% em relação a 2016. A classe de Renda Fixa captou R$ 57,6 bilhões (estável em relação ao ano anterior) e a de Previdência, R$ 45,4 bilhões (queda de 5%). Os fundos de Ações reverteram os regates de R$ 4,8 bilhões de 2016 e captaram R$ 20,6 bilhões no consolidado do ano passado. "O ano de 2017 foi muito importante para a popularização dos fundos de investimento no Brasil, o que se reflete nos resultados recordes. Os produtos acessíveis a todos os bolsos e a taxa de juros em queda contribuíram para atrair as atenções e as aplicações das pessoas físicas", afirma Carlos Ambrósio, vice-presidente da ANBIMA. "Até novembro, esse segmento, que engloba clientes do varejo e do private banking, foi responsável por 56% dos ingressos líquidos nos fundos", completa". (Fundos de Investimento

destinações financeiras aportadas em outros veículos de investimento e captação, tais como Certificados de Depósitos Bancários, Letras de Crédito Imobiliários, Certificados de Recebíveis Imobiliários, Cadernetas de Poupança, Letras Financeiras, entre outros.

Retomando a sua conceituação, o Banco Central do Brasil, por intermédio da circular nº 2.616/95, conceituou o fundo de investimento financeiro como "(...) uma comunhão de recursos destinados à aplicação em carteira diversificada de ativos financeiros e demais modalidades operacionais disponíveis no âmbito do mercado financeiro, observadas as limitações previstas neste Regulamento e na regulamentação em vigor".

Para a Comissão de Valores Mobiliários, o fundo de investimento "é uma comunhão de recursos, constituído sob a forma de condomínio, destinado à aplicação em ativos financeiros[115]".

Em que pese a conceituação regulatória referir-se aos fundos de investimento enquanto condomínios, adentrando, desta forma, em sua natureza jurídica, parcela da doutrina tem compreendido que a natureza jurídica do instituto não se amolda integralmente à estrutura condominial prevista pela legislação civil (cf. artigos 1.314 e seguintes do Código Civil)[116].

Os fundos de investimento, seguindo a orientação regulatória da Comissão de Valores Mobiliários, possuem patrimônio que, em atenção à política de segregação de recursos a que se submetem, não se mistura com o patrimônio de seu administrador, possuem também órgão interno de decisão com poderes deliberativos limitados – que corresponde à assembleia de cotistas – além de escrituração contábil própria,

---

registram captação recorde em 2017. Acessado em http://www.anbima.com.br/pt_br/imprensa/fundos-de-investimento-registram-captacao-recorde-em-2017.htm, aos 06 de outubro de 2018).

[115] Cf. Artigo 3º da Instrução CVM nº 555/14.

[116] Crítica consistente à Teoria Condominial é feita por Ricardo de Santos Freitas: "Como se vê, as dificuldades para tentar enquadrar os fundos de investimentos em um instituto de natureza civilista são evidentes. Sua natureza não é seguramente de direito real, que apresenta uma feição estática, pois o dinamismo dessas estruturas e sua conexão com a produção econômica, ainda que substancialmente financeira, é evidente. Aproxima-se muito mais das figuras do direito societário, razão pela qual esta tese encontra-se hoje enfraquecida. Não obstante, devemos registrar que em países de sistema jurídico com base romanista fortemente inspirados no contratualismo, como França e Portugal, variantes sobre a tese da copropriedade encontram repercussão. (ob. cit. p. 163).

DO CONCEITO E DA NATUREZA JURÍDICA DOS FUNDOS DE INVESTIMENTO

formulada por auditor independente, com balanço destacado da instituição administradora, elementos estes que não se observam na figura do condomínio tradicional descrito pelo Código Civil.

A estrutura jurídica dos fundos, considerados os itens que acabamos de listar, aproximam-no muito mais de uma fórmula societária do que de um condomínio, dado que, embora destituídos de personalidade jurídica, aos fundos de investimento são imputados direitos e deveres. Trata-se de entidade detentora de representatividade em suas relações internas e externas[117], a ponto da Comissão de Valores Mobiliários lhe garantir o direito, mediante deliberação tomada por quórum qualificado de cotistas, de realizar operações societárias de fusão, cisão ou incorporação"[118]-[119].

---

[117] Oscar Barreto Filho ao estudar as sociedades de investimento, assemelhou-as aos *investment trusts*, reconhecendo naquelas a existência inclusive da *affectio societatis* – elemento típico do modelo societário –, seu estudo caracteriza as sociedades de investimento em modelo muito parelho à atual conformação dos fundos de investimentos. Neste rumo, ponderou o destacado doutrinador: "Ora, numa empresa econômica do tipo do investment trust é possível reconhecer, de um modo amplo, a ocorrência desses três requisitos. A affectio societatis consistiria na intenção de congregar recursos para a aquisição e gestão de uma carteira de valores mobiliários nas melhores condições jurídicas, técnicas e econômicas, para partilhar entre os sócios os lucros e vantagens atribuídas à propriedade dêsses valores. Existe, sem dúvida, no investment trust, a identidade de interesses, o espírito de colaboração ativa, que constitui o elemento volitivo do contrato social. É justamente a presença desse elemento que nos faz enxergar no investment trust algo mais do que uma simples comunhão contratual de patrimônio". (Regime Jurídico das Sociedades de Investimentos. São Paulo, Max Limonad, 1956, p. 163-164)

[118] Nesse rumo, a conformação regulatória admitida pelos Fundos de Investimentos aproxima sua estrutura ao standard descrito pelo artigo 981 do Código Civil ao descrever o delineamento dos contratos de sociedade: "Celebram contrato de sociedade as pessoas que reciprocamente se obrigam a contribuir, com bens ou serviços, para o exercício de atividade econômica e a partilha, entre si, dos resultados". Da mesma forma o artigo 1010 e seguintes do Código Civil ao disciplinar a administração societária. Para a mesma constatação confira-se os artigos 45, 66, 134 e seguintes da Instrução CVM 555/14, ao disciplinar as atribuições das assembleias de cotistas e também as operações societárias de Incorporação, Fusão, Cisão e Transformação, envolvendo os Fundos de Investimentos.

[119] No que podemos nos apoiar novamente no pensamento de Ricardo de Santos Freitas, ao ponderar que: "Se o tipo econômico fundo de investimento, em todas as suas espécies existentes na realidade jurídica, está regulado em lei especial, e o sentido jurídico de sua representação global subsume-se perfeitamente ao conceito abstrato de sociedade, tal qual estatuído no artigo 981 do Código Civil, não hesitaremos, então, em concluir que estamos diante de uma sociedade. Vale recordar que o regime tipológico parcialmente aberto adotado

Além disso, as prerrogativas inseridas no artigo 1.314 do Código Civil[120], não podem ser exercitadas pelo cotista de um fundo de investimento, uma vez que este não desfruta – de forma plena – de direitos em face dos ativos subjacentes ao fundo constituído[121], tal qual o condômino possui em relação à copropriedade condominial, mas somente direitos ligados à fração representativa da sua participação proporcional no fundo.

A tese de Ricardo de Santos Freitas é precisa neste ponto: "O artigo 1314 do Código Civil estabelece que "cada condômino pode usar da coisa conforme a sua destinação, sobre ela exercer todos os direitos compatíveis com a divisão, defender a sua posse e aliar a respectiva parte ideal, ou gravá-la. Assim, não obstante a pluralidade de titulares, o condomínio, enquanto instituto típico regulado pelo Código Civil representa direito real de domínio que confere a cada co-titular o uso de uso, gozo e disposição sobre a sua parte ideal. As estruturas de fundo reguladas pela CVM, no entanto, não permitem que os investidores exerçam plenamente os direitos mencionados no artigo 1314 do Código Civil. Com efeito, a regulamentação dos FI's, por exemplo, estabelece que, no caso de fundo aberto, suas cotas são intransferíveis. Como se vê, as normas específicas aplicáveis no Direito Brasileiro aos diferentes tipos de fundos não permitem a livre disposição pelo titular de sua parte ideal, divergindo, portanto, do tratamento dado ao condomínio geral no Código Civil"[122]-[123].

---

pelo legislador brasileiro exige tão somente que a lei especial tenha tipificado a estrutura organizativa, isto é, tenha regulamentado o tipo econômico em questão. Não se exige que a lei especial venha expressamente referir que aquela estrutura organizativa será considerada uma sociedade, pois essa exigência é característica do regime tipológico fechado e não condiz com o quanto estatuído no artigo 983 do Código Civil." (ob. cit. p. 218).

[120] "Art. 1314. Cada condômino pode usar da coisa conforme sua destinação, sobre ela exercer todos os direitos compatíveis com a divisão, reivindicá-la de terceiro, defender a sua posse e alhear a respectiva parte ideal, ou gravá-la".

[121] Ressalvamos aqui a possibilidade de cabimento de eventual pedido de restituição dos ativos financeiros que compõem a carteira de um Fundo de Investimento, caso esteja o administrador ou o próprio fundo em regime de liquidação. Neste caso, ainda assim, admite-se a plena fruição do cotista no direito de propriedade sobre os ativos subjacentes à carteira do fundo, uma vez que, operada a liquidação, estaria desfeita a "estrutura coletiva de investimento", passando a um condomínio civil de fato, em relação ao qual os investidores se tornariam coproprietários dos ativos adquiridos, e não mais investidores reunidos coletivamente e representados pelo administrador fiduciário.

[122] (ob. cit. p. 167-168).

DO CONCEITO E DA NATUREZA JURÍDICA DOS FUNDOS DE INVESTIMENTO

Ao estudar a natureza jurídica dos fundos de investimento imobiliário – uma das modalidades de fundos admitidos pela Comissão de Valores Mobiliários – Arnoldo Wald compreendeu que: "Quer se cogite de um condomínio especialíssimo ou *sui generis* de uma sociedade sem personalidade jurídica, na terminologia do Código de Processo Civil, ou de uma forma de *trust* já adaptado e consagrado pelo Direito brasileiro, a designação e a semântica são secundários, pois o importante é a capacidade substantiva e adjetiva do Fundo para adquirir e transmitir direitos, atuar em Juízo e praticar todos os atos da vida comercial, embora só possa exercer sua atividade por intermédio de seu gestor. Não se trata de contrato de comissão, pois os bens não são adquiridos em nome do gestor e por conta dos condôminos, mas em nome do Fundo e para o mesmo". Para o respeitado jurista, o fundo de investimento "é uma fórmula fiduciária pela qual os investimentos podem ser realizados em nome do fiduciário e no interesse do fiduciante, assemelhando-se ao *trust*, sob forma que também tem sido aceita e consagrada no Direito Comparado, não só nos países que admitem o *trust* como os Estados Unidos, mas também nas legislações de tradição romana, como acontece em Portugal e na França, segundo pudemos verificar nas transcrições de texto legislativo que fizemos. Não há, assim, qualquer dúvida quanto à possibilidade do Fundo Imobiliário ser titular em nome próprio de direitos e obrigações"[124].

Na nossa compreensão os fundos de investimento adotam uma disciplina jurídica que não se confunde com o instituto civil do condomínio[125], melhor se caracterizando, tal qual ponderado pelo Professor

---

[123] Fernando Schwarz Gaggini também desenvolveu raciocínio semelhante, ao pregar que: "Existem diversos pontos que contrariam a tese do perfeito condomínio, uma vez que, dentre outros, aos cotistas não é facultado influenciar na administração dos bens constitutivos do patrimônio do fundo, não é permitida a livre utilização dos ativos do fundo, não é possível requerer a dissolução da comunhão e não podem obter a divisão dos bens, direitos estes decorrentes a propriedade e previstos aos condomínios na modalidade de condomínio disciplinada no Código Civil pátrio." (Fundos de Investimento no Direito Brasileiro. São Paulo: Livraria e Editora Universitária de Direito, 2002, p.47).

[124] In Natureza Jurídica do Fundo Imobiliário. São Paulo: Revista de Direito Mercantil, Industrial, Econômico e Financeiro-RDM, n. 80, outubro-dezembro/1990, p. 15-23.

[125] Contrário ao nosso pensamento Félix Ruiz Alonso defendeu que: "reconhecendo a forma do condomínio para os fundos de investimentos mobiliários, não se ignora o alargamento que se está fazendo do instituto. O legislador, porém, desde 1959 vem se referindo incessan-

Arnoldo Wald, como uma estrutura jurídica por intermédio da qual os investidores admitem um administrador – investido na capacidade de representação e administração dos negócios do fundo – e que, por intermédio de sua gestão, realiza operações nos mercados financeiro, de capitais, e de futuros, obrigando-se, de acordo com as especificações constantes do regulamento do fundo e das normas regentes da sua atividade, a envidar os melhores esforços para obter a maior rentabilidade possível ao capital investido, dentro do perfil de exposição – indicado na política de investimentos – aos possíveis elementos de risco.

Aproveitando os elementos utilizados para o debate acerca da natureza jurídica dos fundos de investimentos – especialmente a teoria societária – sugerimos neste momento agregar mais um conceito para os fundos de investimento.

Como vimos ao início deste capítulo, os fundos de investimento podem ser conceituados como uma comunhão de recursos aportados por investidores que, admitindo risco comum, desejam rentabilizar o capital, mediante a aquisição de ativos financeiros. Referida conceituação, na nossa visão, é obtida enxergando o fundo de investimento a partir da posição do investidor.

Por outro lado, retomando o estudo da natureza jurídica dos fundos, procuramos moldar a figura dos veículos de investimento a uma formulação mais próxima ao modelo de uma sociedade empresária – nos moldes do citado artigo 981 do Código Civil. Evoluindo neste viés da análise, podemos enxergar nos fundos de investimento um instrumento por meio do qual um empreendedor poderá (i) viabilizar um projeto empresarial, mediante segregação patrimonial (o patrimônio do fundo é segregado da instituição administradora e dos investidores, não obstante não tenha personalidade jurídica); (ii) acessar recursos do mercado de capitais (como veremos adiante as cotas de fundos são valores mobi-

---

temente a esses fundos com a designação de condomínios. Não se poderia cogitar que o legislador errasse, e menos ainda, que a lei habitualmente estivesse eivada de impropriedades. (...) no país, por enquanto, os inversores estão se habituando ao instituto do condomínio e, por isso, paulatinamente espalha-se a mentalidade peculiar do condomínio, independente e autônoma, que olha mais a própria cota que ao patrimônio global. (...) com o passar do tempo, a resistência inicial que encontrará o condomínio mobiliário, irá diminuindo e o aspecto societário, que porventura se queira criar, cairá simultaneamente em declínio". (Os Fundos de Investimento. São Paulo: Revista de Direito Mercantil, v.1, 1971, p. 71-81).

liários hábeis à captação de poupança popular); e, ainda, (iii) agregar racionalidade fiscal (dado que os fundos de investimento possuem regime tributário muitas vezes favorecido em relação aos tipos societários tradicionais – o resultado financeiro da atividade dos fundos não é tributável, a tributação recai sobre os cotistas em determinados eventos)[126].

Desta forma, não é equivocado admitirmos um segundo conceito de fundo de investimentos, de mais fácil visualização sob o ponto de vista do estruturador. Neste exercício conceitual, chegamos que o fundo de investimento também poderá ser conceituado como uma estrutura receptora de capital, destinada a realização de empreendimentos, mediante planejamento tributário eficiente e segregação patrimonial, apta a obter financiamento mediante acesso a recursos dos mercados financeiro e de capitais.

Definidos nossos conceitos para os fundos de investimento (sob o viés do investidor, e sob o viés do estruturador), e também debatidas as teorias que procuraram explicar a natureza jurídica do veículo – para o que explicitamos nossa preferência pela teoria societária – daremos sequência verificando a orientação regulatória aplicável aos fundos e a sua classificação de acordo com o respectivo conjunto normativo.

---

[126] Não avençaremos no estudo dos regimes tributários aplicáveis aos fundos de investimento por não serem objeto da nossa análise central na presente obra. Para o aprofundamento da questão, recomendamos a obra de Rodrigo Pará Diniz. Fundos de Investimento no Direito Brasileiro – Aspectos Tributários e Questões Controvertidas em Matéria Fiscal. São Paulo: Almedina, 2014.

6. Da Orientação Regulatória e a Classificação dos Fundos de Investimentos

A empresa dos fundos de investimento no Brasil encontra na Lei nº 4.728/65 o seu marco regulatório inicial, quando o ordenamento jurídico ineditamente tratou das sociedades e dos fundos de investimento[127].

As primeiras eram tratadas como sociedades anônimas de capital autorizado, tendo como objeto determinado a aplicação de capital em carteira diversificada de títulos ou valores mobiliários ou a administração de fundos em condomínio ou de terceiros, para a aplicação de capital também em carteira diversificada de títulos ou valores mobiliários.

À época o Conselho Monetário Nacional era o órgão encarregado da normatização básica do setor, estabelecendo critérios para a diversificação da carteira, limites de aplicação, entre outras normas. O Banco Central do Brasil, autarquia criada pela Lei. nº 4.595/64, correspondia ao órgão concessor das autorizações de funcionamento, e agente de fiscalização das sociedades de investimentos.

Para os fundos de investimentos, a Lei nº 4.728/65 determinou que a administração de suas carteiras deveria ser contratada com uma sociedade de investimentos, criando a assembleia geral de condôminos que

---

[127] Antes da Lei nº 4.728/65, os Decretos-Leis nº 7.583/45 e 9603/46, dispuseram sobre as sociedades de crédito financiamento e investimento, logo após a II Guerra Mundial, tendo sido atribuído à Superintendência da Moeda e do Crédito o poder de regulamentá-las.

anualmente receberia as contas prestadas pelos administradores do fundo, deliberando sobre o balanço apresentado e pela necessidade de contratação de auditor independente, registrado no Banco Central do Brasil[128].

Mais tarde, com a edição da Lei nº 6.385/76, foi criada a Comissão de Valores Mobiliários, com o objetivo precípuo de disciplinar e fiscalizar o mercado de valores mobiliários, criando com isso condições para o seu desenvolvimento. Mais especificamente no que tange aos fundos de investimento fixou-se como função da autarquia criar as condições para que o investidor possa atuar conscientemente nesse mercado, limitando seus riscos àqueles característicos dessa modalidade de investimento. Fixou-se também competência da Comissão de Valores Mobiliários zelar para que os agentes que integram o mercado exerçam suas atividades

---

[128] Neste momento regulatório, em 10 de dezembro de 1968, o Banco Central do Brasil, conforme registro de Ricardo de Santos Freitas (ob. cit. p. 81), implementou a resolução 103/68, por meio da qual decidiu "vedar às sociedades de crédito, financiamento e às de tipo misto a constituição, administração ou gerência de FUNDOS MÚTUOS DE FINANCIAMENTO, ou FUNDOS DE 'ACCEPTANCE', e, ainda, a partir desta data, a colocação de novas cotas de Fundos que funcionem sob o regime de sociedade em conta de participação, condomínio ou quaisquer outras formas, assim entendido, para os efeitos deste item uma comunhão de recursos destinados à aplicação em operações de crédito, com base em papéis comerciais". Após a referida vedação do Banco Central do Brasil, então preocupado com higidez das instituições financeiras, que poderiam vir a quebrar com a má condução dos investimentos de seus poupadores, o Banco Central do Brasil, diante da mobilização das entidades de investimento, editou, por deliberação do Conselho Monetário Nacional, a Resolução 145 de 1970, criando a figura do Fundo Mútuo de Investimento, com estrutura semelhante aos atuais Fundos de Investimentos. Sobre o funcionamento das sociedades de investimento, anteriores ao surgimento dos Fundos Mútuos de Investimento, importante o registro histórico do Professor Rubens Requião, citado por Ricardo de Santos Freitas, nestes termos: "Na sua maioria, os fundos se organizaram como 'sociedades em conta de participação', segundo o tipo legal previsto nos arts. 325 e 328 do Código Comercial Brasileiro, à falta de qualquer outro instituto jurídico adequado à natureza do seu objetivo, salvo o condomínio. As quotas de participação, subscritas pelos investidores, são verdadeiros contratos de adesão à sociedade assim constituída, na qual a Financeira é nomeada sócia ostensiva e a administradora dos interesses do fundo. Através desse contrato se estabelece, portanto, uma comunhão de interesses, visando a captação de capitais monetários destinados à aplicação em operações de financiamento de efeitos comerciais legítimos, representativos da venda mercantil à prestações. Os lucros do Fundo são integralmente distribuídos aos 'participantes ou cotistas', enquanto a Financeira administradora se remunera pela cobrança de uma simples taxa anual de 6% ao ano, calculada sobre o capital da sociedade em conta de participação". (Curso de Direito Comercial. v.1. São Paulo: Saraiva, 1980, p. 288).

de forma competente, eficiente, com probidade e transparência, coibindo a manipulação dos preços dos valores negociados, a utilização de informação privilegiada e o exercício de práticas não equitativas.

A partir de então, os fundos de investimento passaram a ser regulados por dois órgãos distintos. Havendo fundos de investimento sujeitos à regulação, fiscalização e supervisão do Banco e Central do Brasil e fundos submetidos à regulação, fiscalização e supervisão da Comissão de Valores Mobiliários, variando a atividade normativa, fiscalizadora e de supervisão de acordo com a espécie de fundo constituído.

No esclarecimento prestado por Sheila Perricone, aplicável a esse momento regulatório, "o que determina as diferentes competências é a constituição da carteira dos fundos. Nesse passo, basicamente e por óbvio, se a carteira é constituída preponderantemente de valores mobiliários (pelo menos 51%) estaremos diante da competência da CVM. Se, por outro lado, a carteira é constituída preponderantemente de títulos de renda fixa (no mínimo 51%) estaremos diante da competência do Bacen"[129].

Mencionada estrutura regulatória recebeu severas e consistentes críticas, especialmente por haver atribuído ao Banco Central do Brasil – a quem deveria caber exclusivamente a função de autoridade monetária, zelando pelas políticas correlatas, além de fiscalizar e regular o mercado financeiro e as entidades que o integram – a regulação de parcela do mercado de capitais[130].

Aprofundando neste ponto, torna-se de extrema pertinência definir o conceito de valor mobiliário, de modo a delimitar o alcance da competência regulamentar, de fiscalização e de supervisão da Comissão de Valores Mobiliários.

---

[129] Ob. cit. p. 81.

[130] Destacamos, nesse sentido, o entendimento do Professor Ary Oswaldo Mattos Filho, para quem "essa divisão, obviamente não é a melhor que existe, por que não é razoável que dois mecanismos governamentais façam a fiscalização de um mercado. O mais razoável é que fosse o Banco Central detentor da condição de dirigente da política monetária do país, guardião da moeda, e a CVM quem determinasse as políticas, fiscalização e punição das transgressões de mercados de valores mobiliários" (O Conceito de Valor Mobiliário. Revista de Direito Mercantil, Industrial, Econômico Financeiro. nº 59. ano XXIV. São Paulo: Revista dos Tribunais, 1985, p. 19).

No direito pátrio, até a edição da Medida Provisória nº 1.637/98, a legislação, desde a Lei nº 6.385/76, influenciada pelo direito francês, sempre procurou conferir aos valores mobiliários um caráter restrito, enumerando o que passava a ser considerado como valor mobiliário, de modo a exigir a atividade da Comissão de Valores Mobiliários. Nessa linha legislativa, a listagem dos novos valores mobiliários passaria a justificar-se ante o surgimento de novas situações que potencialmente poderiam – ou, em alguns casos, já haviam – lesado o mercado de capitais[131].

Os valores mobiliários relacionados pela Lei nº 6.385/76 (artigo 2º, incisos I a III), cingiam-se às ações, partes beneficiárias e debêntures, aos cupões desses títulos, aos bônus de subscrição, aos certificados de depósito de valores mobiliários e os outros títulos criados ou emitidos por sociedades anônimas, a critério do Conselho Monetário Nacional. Residualmente, os demais títulos continuavam a ser supervisionados pelo Banco Central do Brasil.

No que alude aos fundos de investimento, aqueles com renda variável, geralmente atrelado ao movimento do mercado acionário, submetiam-se, e de fato ainda se submetem, ao controle regulatório da Comissão de Valores Mobiliários, ao passo que os de renda fixa, os derivativos, e os fundos de investimento em derivativos, integravam a esfera de competência do Banco Central do Brasil.

Com a edição da Medida Provisória nº 1.637/98, reeditada reiteradamente, estabeleceu-se que "constituem valores mobiliários, sujeitos ao regime da Lei nº 6.385, de 7 de dezembro de 1976, quando ofertados

---

[131] Nesse rumo, para Nelson Eizirik: "A noção de valor mobiliário, no sistema jurídico brasileiro, da mesma forma que ocorre em outros sistemas legais, é basicamente instrumental, posto que relacionada à regulação estatal de determinada atividade econômica. Diversamente do que ocorreu com o conceito de título de crédito, originário da prática do comércio, e fruto de lenta e elaborada evolução legislativa e doutrinária, os objetivos da construção legal da noção de valor mobiliário dizem respeito, essencialmente, à necessidade de regulação estatal de atividades consideradas de risco, por envolverem a aplicação da poupança popular em companhias abertas, estando os lucros ou prejuízos decorrentes de tal investimento condicionados ao sucesso do empreendimento empresarial, sobre o qual os poupadores pouco ou nenhum controle têm. A elaboração do conceito de valores mobiliários visa, basicamente, a delimitar o escopo do mercado de capitais, submetendo as negociações nele desenvolvidas a uma disciplina legal específica e ao poder de polícia de órgão estatal criados especialmente para tal fim, pelo fato de verificar-se a captação de poupança popular para aplicação em capital de risco das empresas". (ob. cit. p. 139-140).

DA ORIENTAÇÃO REGULATÓRIA E A CLASSIFICAÇÃO DOS FUNDOS DE INVESTIMENTOS

publicamente, os títulos ou contratos de investimento coletivo, que gerem direito de participação, de parceria ou de remuneração, inclusive resultante de prestação de serviços, cujos rendimentos advêm do esforço do empreendedor ou de terceiros"[132].

A partir da Medida Provisória nº 1.637/98, o ordenamento jurídico Brasileiro, no que se baseou no conceito de *security*[133] proveniente do Direito Norte-Americano, possibilitou a ampliação do conceito de valor mobiliário, podendo ser caracterizado o valor mobiliário quando presentes os seguintes caracteres; "(i) investimento em dinheiro; (ii) empreendimento comum; (iii) expectativa de lucro; e (iv) gestão do empreendedor ou de terceiros."[134]

Com a ampliação do conceito de valor mobiliário, registrou-se o consequente alargamento da competência da Comissão de Valores Mobiliários, especialmente por que as quotas de Fundos de Investimento Financeiro e derivativos passariam a ser encarados como contratos de investimento[135]. Dada a generalidade do conceito de valor mobiliário fornecido pela Medida Provisória nº 1.637/98, foi "(...) possível denotarmos que esse segmento do mercado de capitais poderá num futuro recente ser na sua totalidade regulado pela CVM por conta do entendimento de que mais ativos financeiros foram incluídos no âmbito da Lei nº 6.385/76 como valores mobiliários, levando a que os fundos de investimento que invistam seus recursos em tais ativos agora abrangidos pelo conceito de valor mobiliário também estejam sujeitos à regulamentação da CVM, ou por um entendimento mais simples, baseado na conclusão de que toda e qualquer quota de fundo de investimento, quer de renda fixa ou de renda variável, tem as características de 'contratos de investi-

---

[132] Cf. Artigo 1º da Medida Provisória nº 1.637, de 08 de janeiro de 1998.

[133] Conforme ensinamento de Luiz Gastão Paes de Barros Leães, as securities correspondem a: (i) todo investimento em dinheiro ou em bens suscetíveis de avaliação monetária; (ii) realizado pelo investidor em razão de uma captação pública e recursos; (iii) de modo a fornecer capital de risco a um empreendimento; (iv) em que ele, o investidor, não tem ingerência direta; e (v) mas do qual se espera ter algum ganho ou benefício futuro. (O conceito de "security" no direito norte americano e o conceito análogo no direito brasileiro. Revista de Direito Mercantil, Industrial, Econômico e Financeiro. V. 14, p. 41-60.)

[134] QUEIROZ, José Eduardo Carneiro, (ob. cit. p. 134)

[135] Cf. PERRICONE, Sheila, (ob. cit. p. 84)

mento', devendo assim ser quaisquer fundos de investimentos regulados pela autoridade do mercado de capitais"[136].

Posteriormente à Medida Provisória nº 1.637/98, a Lei nº 10.303/01, em linha com o conceito de *security* da regulamentação estadunidense, arrolou como valores mobiliários (i) as cédulas de debêntures; (ii) as cotas de Fundos de Investimento em Valores Mobiliários ou de Clubes de Investimento em quaisquer ativos; (iii) as notas comerciais; (iv) os contratos futuros, de opções e outros derivativos, cujos ativos subjacentes sejam valores mobiliários; (v) outros contratos derivativos, independentemente dos ativos subjacentes; (vi) quando ofertados publicamente, quaisquer outros títulos ou contratos de investimento coletivo; que gerem direito de participação, de parceria ou de remuneração, inclusive resultante da prestação de serviços, cujos rendimentos advém do esforço do empreendedor ou de terceiros.

Extirpando qualquer dúvida quando a sua competência regulatória sobre os fundos de investimento, a Comissão de Valores Mobiliários, por intermédio da Deliberação CVM nº 461, de 22 de julho de 2003, estabeleceu que, excetuadas as hipóteses de previsão ou restrição específica, as referências a valores mobiliários constantes dos normativos por ela expedidos, ao tratar de fundos de investimento aglutinam (i) as cotas de fundo de investimento; (ii) as cotas de fundo de fundos de investimento e (iii) os demais valores mobiliários previstos em lei ou assim por ela definidos, o que inclui os Fundos de Investimento Financeiro e demais espécies de fundos, antes regulados pelo Banco Central do Brasil.

Dessa forma, a competência da Comissão de Valores Mobiliários foi relevantemente majorada, abrangendo mercados anteriormente regulados pelo Banco Central do Brasil[137], o que, ao nosso ver, se sucedeu de forma acertada em vista do escopo buscado por cada um destes organis-

---

[136] QUEIROZ, José Eduardo Carneiro, (ob. cit. p. 135)

[137] Em linha com nossa exposição, Ricardo de Santos Freitas detalha que: "Com a alteração introduzida no diploma das sociedades anônimas pela Lei n. 10.303, de 31 de outubro de 2001, o legislador classificou expressamente as cotas de fundos de investimentos como valores mobiliários, tendo a CVM, finalmente, assumido competência para regulamentar plenamente a matéria (artigos 2º, V e 8º, I). Com o objetivo de implementar efetivamente as mudanças, estruturais necessárias à unificação normativa, foi celebrado, em 5 de julho de 2002, um convênio entre a CVM e o Banco Central, visando o intercâmbio de informações e outras atividades correlatas." (ob. cit. p. 94-95).

DA ORIENTAÇÃO REGULATÓRIA E A CLASSIFICAÇÃO DOS FUNDOS DE INVESTIMENTOS

mos reguladores, devendo a CVM focar-se na tutela do desenvolvimento do mercado de capitais, com atenção especial à figura do investidor, ao passo que o Banco Central deve ocupar-se da regulação do Sistema Financeiro Nacional, zelando primordialmente por sua higidez, sem prejuízo da condução, o mais autônoma possível, das políticas monetária, cambial e de crédito.

Tratados o conceito, a natureza jurídica e a competência regulatória da CVM para reger a disciplina dos fundos de investimento, cabe, nesta passagem, indicarmos a classificação dos fundos, segundo a sua regra geral, a Instrução CVM 555/14[138].

---

[138] Anteriormente à ICVM 555/14, os fundos de investimento eram regidos pela ICVM 409/04, norma que já correspondia à "constituição dos fundos de investimentos", atualmente os fundos possuem como norma geral a ICVM 555/14, o que se extrai claramente da dicção de seu artigo 1º "Art. 1º A presente Instrução aplica-se a todo e qualquer fundo de investimento registrado junto à CVM, observadas as disposições das normas específicas aplicáveis a estes fundos." Importante destacar que os I – Fundos de Investimento em Participações; II – Fundos de Investimento em Cotas de Fundos de Investimento em Participações; III – Fundos de Investimento em Direitos Creditórios no Âmbito do Programa de Incentivo à Implementação de Projetos de Interesse Social; IV – Fundos de Financiamento da Indústria Cinematográfica Nacional; V – Fundos Mútuos de Privatização – FGTS; VI – Fundos Mútuos de Privatização – FGTS – Carteira Livre; VII – Fundos de Investimento em Empresas Emergentes; VIII – Fundos Mútuos de Investimento em Empresas Emergentes – Capital Estrangeiro; IX – Fundos de Conversão; X – Fundos de Privatização – Capital Estrangeiro; XI – Fundos Mútuos de Ações Incentivadas; XII – Fundos de Investimento Cultural e Artístico; XIII – Fundos de Investimento em Empresas Emergentes Inovadoras;XIV – Fundos de Investimento em Diretos Creditórios Não-Padronizados; XV – Fundos de Investimento em Diretos Creditórios; XVI – Fundos de Investimento em Cotas de Fundos de Investimento em Diretos Creditórios; e XVII – Fundos de Investimento Imobiliário, ainda que possuam regulamentação própria, estão sujeitos à incidência dos dispositivo da ICVM 555/14 de forma subsidiária, ou seja, não havendo disciplina específica ditada pela CVM, aplica-se a regra geral dos fundos de investimento.

Neste ponto elucidativo o registro de Daniela Marin Pires, qual reproduzimos: "Em 17 de dezembro de 2014, foi editada a Instrução CVM nº 555, a qual revogou a Instrução CVM 409/2004 a partir de julho de 2015, estabelecendo que a aludida instrução aplica-se a todo e qualquer fundo de investimento registrado junto à CVM, observadas as disposições das normas específicas aplicáveis a estes fundos. Portanto, todos os fundos de investimento que tenham uma regulamentação específica, i.e. os FIDCs, devem observar a Instrução CVM nº 555 de forma subsidiária." (Os Fundos de Investimento em Direitos Creditórios (FIDC). São Paulo: Almedina, 2015, 2ª edição, p. 45-46).

Os fundos de investimento, que podem ser abertos[139] ou fechados[140], tem a variação da sua classificação de acordo com o tipo de ativos financeiros[141] admitidos para composição do seu portfólio.

Os fundos de investimento regulados pela ICVM 555/14 podem, resumidamente, ser:

i. Fundos de Investimento em Renda Fixa (artigo 109 da ICVM 555/14) – referidos fundos devem deter no mínimo 80% da

---

[139] Os fundos de investimentos abertos são aqueles que admitem a saída do cotista (via solicitação de resgate do valor das cotas detidas) do fundo a qualquer momento. Pela regra do artigo 37, III, da Instrução CVM 555/14, o pagamento do pedido de resgate deverá ocorrer em até 05 dias, observado o valor da cota no dia em que solicitado (exceção feita aos investidores qualificados e profissionais cujo prazo de pagamento pode ser maior). Como os fundos de investimento abertos admitem a saída do investidor a qualquer momento, agregando com isso relevante liquidez ao investimento realizado, a distribuição de suas cotas aos investidores independe de registro na CVM (conforme artigo 18 da ICVM 555/14).

[140] Os fundos de investimentos fechados são aqueles que não admitem a saída do cotista a qualquer momento. Estes fundos são constituídos por prazo determinado, não sendo possível ao cotista solicitar o resgate do valor investido antes do término do prazo estabelecido no regulamento do fundo. Por serem fechados, agregam menor liquidez aos investidores, sendo necessário, na forma do artigo 21 da ICVM 555/14, que a distribuição de suas cotas seja devidamente registrada na CVM. A distribuição, dependendo das características do fundo de investimento fechado, seguirá o regramento da Instrução CVM 400/03 ou da Instrução CVM 476/09. Importante destacar que somente as cotas dos fundos fechados podem ser transferidas, mediante cessão civil ou negociação em bolsa de valores ou entidade de balcão organizado.

[141] Os ativos financeiros passíveis de aquisição pelos fundos de investimentos (cf. art. 2º da ICVM 555/14) são: a) títulos da dívida pública; b) contratos derivativos; c) desde que a emissão ou negociação tenha sido objeto de registro ou de autorização pela CVM, ações, debêntures, bônus de subscrição, cupons, direitos, recibos de subscrição e certificados de desdobramentos, certificados de depósito de valores mobiliários, cédulas de debêntures, cotas de fundos de investimento, notas promissórias, e quaisquer outros valores mobiliários, que não os referidos na alínea "d"; d) títulos ou contratos de investimento coletivo, registrados na CVM e ofertados publicamente, que gerem direito de participação, de parceria ou de remuneração, inclusive resultante de prestação de serviços, cujos rendimentos advêm do esforço do empreendedor ou de terceiros; e) certificados ou recibos de depósitos emitidos no exterior com lastro em valores mobiliários de emissão de companhia aberta brasileira; f) o ouro, ativo financeiro, desde que negociado em padrão internacionalmente aceito; g) quaisquer títulos, contratos e modalidades operacionais de obrigação ou coobrigação de instituição financeira; e h) warrants, contratos mercantis de compra e venda de produtos, mercadorias ou serviços para entrega ou prestação futura, títulos ou certificados representativos desses contratos e quaisquer outros créditos, títulos, contratos e modalidades operacionais desde que expressamente previstos no regulamento.

carteira em ativos (títulos públicos ou privados) de renda fixa. Os ativos de renda fixa poderão reproduzir a variação de taxas de juros ou índices de preços, tais como indicadores inflacionários;

ii. Fundos de Investimento em Renda Fixa Curto Prazo (artigo 111, ICVM 555/14) – referidos fundos investem exclusivamente em títulos públicos federais; títulos privados pré-fixados com baixo risco de crédito; cotas de fundos de índice que reflitam a rentabilidade de (i) títulos públicos; ou (ii) títulos privados pré-fixados (cf. ICVM 537/13), sendo que o vencimento máximo dos títulos da carteira do fundo não poderão exceder 375 (trezentos e setenta e cinco) dias, e o vencimento médio dos títulos da carteira do fundo deverá ser inferior a 60 (sessenta) dias;

iii. Fundos de Renda Fixa Referenciados (artigo 112, ICVM 555/14) – referidos fundos possuem na sua denominação um indicador de desempenho (exemplo dos fundos DI). No mínimo 95% do patrimônio líquidos destes fundos deverá ser destinado a ativos financeiros ligados à variação do indicador de desempenho indicado no regulamento do fundo, sendo que no mínimo de 80% do patrimônio líquido do fundo deverá ser destinado a (i) títulos públicos federais; (ii) títulos privados com baixo risco de crédito; ou (iii) cotas de fundos de índice que invistam em títulos públicos ou privados com baixo risco;

iv. Fundos de Renda Fixa "Simples" (art. 113, ICVM 555/14) – referidos fundos foram criados pela ICVM 555/14 para estimular a migração de recursos da caderneta de poupança para um fundo de investimento de baixo custo destinado a investidores iniciantes. No mínimo 95% do patrimônio líquido destes fundos deverá ser destinado a Títulos Públicos Federais ou de Instituições Financeiras, com risco equivalente aos títulos federais. Mesmo adquirindo ativos de baixo risco o gestor destes fundos deverá adotar estratégias de proteção a perdas financeiras e elevação de volatilidade no valor das cotas. Em razão do perfil deste fundo é vedada a concentração de ativos em Crédito Privado ou a realização de investimentos no Exterior. Dada sua simplicidade, é dispensado o termo de adesão e ciência de risco, além do habitual questionário de análise de perfil do investidor (questionário de *Suitability*)[142];

v. Fundo de Renda Fixa "Dívida Externa" (art. 114, ICVM 555/14) – referidos fundos aplicam o mínimo de 80% do seu patrimônio líquido em títulos representativos da dívida externa Brasileira. Estes fundos poderão destinar até 20% de seu patrimônio líquido em instrumentos derivativos. Os instrumentos derivativos somente poderão ser utilizados por este tipo de fundo para proteção da variação cambial à qual o fundo está exposto[143], podendo ser divididos em 10% em derivativos negociados no exterior e 10% em derivativos no mercado doméstico;

vi. Fundo de Investimento em Ações (art. 115, ICVM 555/14) – referidos fundos devem investir no mínimo 67% de seu patrimônio líquido em ações, bônus, recibos, certificados, cotas de fundos de ações e de fundos de índice (que reflitam renda variável) e BDRs. O risco destes fundos é representado pela oscilação do preço dos valores mobiliários adquiridos pelo fundo. O excedente do patrimônio líquido do fundo poderá migrar para outros ativos, respeitados os limites de concentração por ativo e emissor[144]. Com o excedente será possível ao gestor atenuar o risco de volatilidade da carteira do fundo. Caso o regulamento do fundo de ações contenha a advertência de risco de concentração, o fundo poderá adquirir ações de determinadas companhias, dado que o investidor estará ciente de que aquele fundo reproduzirá a oscilação do valor das ações de uma ou poucas companhias. No que tange ainda aos fundos de ações a CVM tem admitido a aquisição pelos fundos de ações de emissão do Administrador e/ou do Gestor, desde que a política de investimentos contiver este foco no regulamento do fundo;

---

[142] Adiante ao tratar dos deveres e obrigações dos Administradores e Gestores, conceituaremos o dever de Suitability, essencial à atividade dos Administradores e Gestores de fundos de investimentos e recursos de terceiros.

[143] Conforme o jargão de mercado, o fundo de investimento fará "hedge" admitindo ativos financeiros que o exponham a uma variação, no caso cambial, oposta àquela dos títulos da dívida externa Brasileira, atenuando, "freando", a volatilidade da carteira. Mais à frente explicitaremos os riscos de utilização de instrumentos derivativos nos portfólios de investimento.

[144] Que serão vistos adiante.

DA ORIENTAÇÃO REGULATÓRIA E A CLASSIFICAÇÃO DOS FUNDOS DE INVESTIMENTOS

vii. Fundo de Investimento em "Ações – Mercado de Acesso" (art. 115, ICVM 555/14) – Referidos fundos devem investir no mínimo 2/3 de seu patrimônio líquido em ações de companhias listadas no segmento "mercado de acesso"[145], desde que as companhias assegurem práticas diferenciadas de governança corporativa. Sendo o fundo de investimentos constituído na modalidade de fundo fechado, até 1/3 do seu patrimônio líquido poderá ser destinado a ações e valores mobiliários conversíveis em ações de emissão de companhias fechadas, as quais deverão permitir ao fundo de investimento participar de seu processo decisório e poder influir na gestão da companhia. Ainda, se o fundo for fechado, o fundo, de modo a agregar liquidez aos investidores, poderá efetuar a recompra de suas cotas em mercado, até o limite de 10% das cotas em poder de investidores, e dentro de um período de 12 meses. É vedado ao fundo (representado por sua administração e gestão) efetuar a recompra de cotas no mercado caso saiba de fatores, ainda não divulgados, que podem influenciar no preço ou na decisão de venda das cotas pelos cotistas (vedação à gestão especular com as cotas do próprio fundo);

viii. Fundo de Investimento Cambial (art. 116, ICVM 555/14) – referidos fundos devem investir no mínimo 80% de seu patrimônio líquido em ativos relacionados à variação cambial indicada no regulamento do fundo. Desta forma o risco necessário do fundo é perseguir a variação do preço da moeda estrangeira indicada em sua política de investimentos. De forma semelhante ao fundo de ações, mas em menor proporção, o risco cambial poderá ser atenuado em até 20% do patrimônio líquido do fundo. O fundo cambial poderá admitir em sua carteira instrumentos derivativos, os quais deverão reproduzir a variação do preço da moeda estrangeira indicada no regulamento do fundo;

ix. Fundo de Investimento Multimercado (art. 117, ICVM 555/14) – referidos fundos devem necessariamente possuir carteira va-

---

[145] Segmento criado pela BM&FBOVESPA (atual B3), denominado de "Bovespa Mais" para proporcionar a companhias de menor porte poder lançar suas ações no mercado de capitais brasileiro. Consequentemente as exigências de entrada neste mercado são menores que nos demais níveis de acesso ao mercado com graus diferenciados, especialmente de Governança Corporativa.

riada, ou seja, a política de investimento deverá conter diversos fatores de risco, sem o compromisso de vinculação a um fator específico. Por tal motivo é conhecido como fundo residual, pois poderá ter várias composições de carteira, desde que não se enquadre em nenhumas das composições típicas previstas pela ICVM 555/14. Sua funcionalidade é proporcionar a miscigenação de ativos financeiros, visando uma rentabilidade média interessante aos investidores, ao mesmo tempo que pode ter o risco atenuado com a mescla de ativos menos arriscados no portfólio do fundo de investimento. Caso o regulamento tenha advertência de risco de concentração em emissores, o Fundo Multimercado poderá adquirir cotas de fundo de "dívida externa" e cotas de fundos *offshore* (sediados no exterior), de um único emissor ou de poucos emissores. O mesmo poderá ser feito com a aquisição de cotas de fundos de ações e demais ativos financeiros típicos dos fundos de ações, poderá haver a concentração em um emissor ou poucos emissores de ativos, desde que esta seja a política de investimentos do fundo;

x. Fundo de Investimento "Crédito Privado" (art. 118, ICVM 555/14) – referidos fundos correspondem aos fundos de renda fixa, fundos cambiais ou fundos multimercados, que possuem mais de 50% de seu patrimônio líquido em títulos privados; ou mais de 50% de seu patrimônio líquido investido em títulos públicos cujo emissor não seja a União Federal[146]. O fundo de crédito privado deverá conter *rating* (nota de crédito) definitiva, visando com isso agregar menos risco aos investidores. Tais fundos devem, ainda, conter no regulamento o alerta de risco de concentração em crédito privado, sendo por exemplo, mais arriscado que um fundo de renda fixa comum. É necessário também que haja o destaque do risco de concentração em crédito privado no "Termo de Adesão e Ciência de Risco do fundo"[147];

---

[146] A consideração que se faz aqui, é que os títulos públicos emitidos por entidades públicas Estaduais ou Municipais, teriam risco equivalente aos títulos privados. A União Federal é descartada pois os títulos de sua emissão gozariam da reputação de risco soberano, com baixa probabilidade, atualmente, de default (não pagamento pelo emissor).

[147] Documento este cuja disponibilidade aos investidores é de responsabilidade da instituição administradora do fundo de investimento, conforme veremos adiante.

DA ORIENTAÇÃO REGULATÓRIA E A CLASSIFICAÇÃO DOS FUNDOS DE INVESTIMENTOS

xi. Fundo de Investimento "Longo Prazo" (art. 108, ICVM 555/14) – referidos fundos possuem o compromisso de obter o tratamento fiscal típico dos fundos de longo prazo, isto é, o mesmo deverá manter na carteira ativos financeiros cujo vencimento seja superior aos de curto prazo. Caso o fundo admita tal compromisso em sua política de investimentos, deverá ser acrescido à nomenclatura do fundo a expressão "Longo Prazo". Caso, por outro lado, o regulamento do fundo não assuma esse compromisso, deverá conter a menção de que não há garantia de que o fundo terá o tratamento tributário dos fundos de longo prazo. Referido tratamento tributário, não se aplica aos fundos de ações, dado que possuem regulamentação tributária própria, estando os fundos de ações, atualmente sujeitos à alíquota linear de 15% sobre os rendimentos auferidos pelos cotistas; e,

xii. Fundos de Investimentos em Cotas de Fundos de Investimento – FIC-FI (artigo 119, ICVM 555/14) – referidos fundos deverão destinar o mínimo de 95% de seu patrimônio líquido em cotas de fundo de investimento da mesma classe. O saldo do patrimônio líquido deverá ser destinado a depósitos à vista, títulos públicos federais, renda fixa de instituição financeira, ou cotas de fundo de referenciado DI[148] ou SELIC[149]. Dada a característica dos fundos em cotas de fundos (FIC-FI), os mesmos não têm limites de concentração por emissor (compra cotas de outro fundo), e

---

[148] A referência é feita à variação dos Certificados de Depósitos Interbancários, que correspondem a médias das taxas de juros praticadas pelos bancos no mercado interbancário. Como ensina Marcos Cavalcante de Oliveira: "Os depósitos interbancários são operações de empréstimo realizadas entre os bancos no mercado monetário. Sua função básica é transferir recursos de um banco para outro, sem que qualquer dos dois precise alterar sua carteira de títulos públicos. Todas as operações são registradas eletronicamente, sem que ocorra a emissão de qualquer cártula ou certificado". (ob. cit. p. 452).

[149] Conforme julgamento do Agravo Regimental nº 639.917-PB, com relatoria do Ministro Luiz Fux, o Superior Tribunal de Justiça pacificou entendimento compreendendo que: "A taxa SELIC é o valor apurado no Sistema Especial de Liquidação e de Custódia, mediante cálculo da taxa média ponderada e ajustada das operações de financiamento por um dia. A referida taxa reflete, basicamente, as condições instantâneas de liquidez no mercado monetário e se decompõe em taxa de juros reais e taxa de inflação no período considerado, razão pela qual não pode ser aplicada cumulativamente com outros índices de reajustamento (...)" (1ª Turma do STJ, DO de 06.12.2004, p. 222).

sua nomenclatura deverá ser acrescida da classe a que pertence o fundo adquirido.

Além dos fundos de investimento regidos exclusivamente pela ICVM 555/14, devemos também citar, ainda que brevemente, outros fundos de investimento de grande importância para o mercado financeiro e de capitais brasileiro, especialmente por serem fontes de financiamento para operações estruturadas de relevância para a economia nacional, usualmente são denominados de fundos estruturados[150], são eles:

i. Fundos de Investimento em Direitos Creditórios (FIDC), regulados pela ICVM 356/01, os quais, em apertado resumo, possuem política de investimento destinada à aquisição de direitos creditórios, que correspondem basicamente a fluxos de caixa detidos por companhias que, mediante cessão de recebíveis, transferem o direito de recebimento à carteira do FIDC, estando a rentabilidade do fundo atrelado ao recebimento dos fluxos de caixa cedidos;

ii. Fundos de Investimento em Direitos Creditórios Não Padronizados (FIDC-NP), regulados pela ICVM 444/06, "são aqueles cuja política de investimento permita a aplicação, em qualquer percentual de seu patrimônio líquido em direitos creditórios: (i) que estejam vencidos no momento de sua cessão para o fundo; (ii) decorrentes de receitas públicas originárias da União, dos Estados, do Distrito Federal e dos Municípios, bem como de suas autarquias e fundações; (iii) que resultem de ações judicias em trâmite, sejam objeto de litígio, ou tenham sido judicialmente penhorados ou dados em garantia; (iv) cuja constituição ou validade jurídica da cessão para o FIDC seja considerada um fator de risco; (v) de titularidade de empresas em processo de recuperação judicial ou extrajudicial; (vi) cuja existência é futura e em montante desconhecido, desde que oriundos de relações

---

[150] Dado o objeto da presente obra voltada à análise das responsabilidades dos administradores e gestores de fundos de investimento, não dedicaremos estudo exauriente à disciplina de todas as espécies de fundos de investimento previstos pelo arcabouço regulatório da CVM, descrevendo, resumidamente, os fundos de investimento mais recorrentes no mercado de capitais contemporâneo, além dos fundos previstos pela ICVM 555/14, já descritos anteriormente.

DA ORIENTAÇÃO REGULATÓRIA E A CLASSIFICAÇÃO DOS FUNDOS DE INVESTIMENTOS

jurídicas já constituídas e formalizadas; (vii) não elencados no disposto no inc. I do art. 2º da Instrução CVM nº 356, de 17 de dezembro de 2001; (viii) no FIDC cuja carteira de direitos creditórios tenha seu rendimento exposto a ativos que não os direitos creditórios cedidos ao fundo, tais como derivativos de crédito, quando não utilizados para proteção ou mitigação de risco; e (ix) no fundo de investimento em cotas de FIDC que realize aplicações em cotas de FIDC não padronizados."[151];

iii. Fundos de Investimentos Imobiliários (FII), regidos pela ICVM 472/08, correspondendo a "(...) uma comunhão de recursos captados por meio do sistema de distribuição de valores mobiliários e destinados à aplicação em empreendimentos imobiliários"[152] cuja rentabilidade deve decorrer de operações imobiliárias com os seguintes ativos financeiros listados pelo artigo 45 da ICVM 472/08: "I – quaisquer direitos reais sobre bens imóveis; II – ações, debêntures, bônus de subscrição, seus cupons, direitos, recibos de subscrição e certificados de desdobramentos, certificados de depósito de valores mobiliários, cédulas de debêntures, cotas de fundos de investimento, notas promissórias, e quaisquer outros valores mobiliários, desde que se trate de emissores registrados na CVM e cujas atividades preponderantes sejam permitidas aos FII; III – ações ou cotas de sociedades cujo único propósito se enquadre entre as atividades permitidas aos FII; IV – cotas de fundos de investimento em participações (FIP) que tenham como política de investimento, exclusivamente, atividades permitidas aos FII ou de fundos de investimento em ações que sejam setoriais e que invistam exclusivamente em construção civil ou no mercado imobiliário; V – certificados de potencial adicional de construção emitidos com base na Instrução CVM nº 401, de 29 de dezembro de 2003; VI – cotas de outros FII; VII – certificados de recebíveis imobiliários e cotas de fundos de investimento em direitos creditórios (FIDC) que tenham como política de investimento, exclusivamente, atividades permitidas aos FII e desde que estes certificados e cotas tenham sido objeto

---

[151] Cf. Daniela Marin Pires (ob. cit. p. 108-109).
[152] Artigo 2º da ICVM 472/08.

de oferta pública registrada na CVM ou cujo registro tenha sido dispensado nos termos da regulamentação em vigor; VIII – letras hipotecárias; IX – letras de crédito imobiliário; e X – letras imobiliárias garantidas; e os

iv. Fundo de Investimento em Participações (FIP) – referidos fundos, conforme o artigo 5º da ICVM 578/16, constituídos sob a forma de condomínio fechado, são "uma comunhão de recursos destinada à aquisição de ações, bônus de subscrição, debêntures simples, outros títulos e valores mobiliários conversíveis ou permutáveis em ações de emissão de companhias, abertas ou fechadas, bem como títulos e valores mobiliários representativos de participação em sociedades limitadas, que deve participar do processo decisório da sociedade investida, com efetiva influência na definição de sua política estratégica e na sua gestão." A marca distintiva dos FIPs em relação aos Fundos de Ações, é que os primeiros devem possuir uma relação de controle e participação nos negócios da sociedade empresária detida pelo fundo, enquanto os fundos de ações apenas necessitam deter em sua carteira, ações ou valores mobiliários correlatos às participações acionárias. Também conhecidos como fundos de *Private Equity*[153], os FIPS devem, na forma do artigo 6º da ICVM 578/16 "participação do fundo no processo decisório da sociedade investida pode ocorrer: I – pela detenção de ações que integrem o respectivo bloco de controle; II – pela celebração de acordo de acionistas; ou III – pela celebração de qualquer contrato, acordo, negócio jurídico ou a adoção de outro procedimento que assegure ao fundo efetiva influência na definição de sua política estratégica e na sua gestão, inclusive por meio da indicação de membros do conselho de administração."

---

[153] Segundo a Associação Brasileira de Private Equity e Venture Capital (ABVCAP), os investimentos em Private Equity destinam-se a aquisição de participações societárias em "empresas já bem desenvolvidas, em processo de consolidação de mercado, para ajuda-las a se preparar para abrir capital, fundir-se ou serem adquiridas por outras grandes empresas." (cf. https://www.abvcap.com.br/Download/Guias/2726.pdf, acessado em 07 de outubro de 2010).

Verificando cada um dos fundos de investimento acima citados, notamos que a classificação destes se dá a partir da análise dos ativos financeiros que os mesmos possuem em sua política de investimento. Como também vimos, a CVM fixa percentuais de capital que, uma vez atingidos, determinam a classificação do fundo de investimento. Com essa sistemática os fundos acabam tendo excedentes de capital (aquilo que não foi utilizado para aquisição dos ativos alvo do fundo) que poderão ser alocadas em outros ativos, sem que isso altere a sua classificação (ex.: um fundo de ações deve comprar, no mínimo, 67% de seu capital em ações, atingido esse percentual o excedente poderá ser destinado a outros ativos financeiros).

Referidos percentuais residuais do patrimônio líquido dos fundos poderão ser preenchidos mediante a aquisição de mais ativos financeiros. Para tanto, os fundos deverão observar limites de concentração por tipos de ativos que podem adquirir, e por tipo de emissor de ativos nos quais o fundo poderá estar concentrado. Em outras palavras, o regulador determina percentuais máximos *do que* os fundos podem comprar, e também percentuais máximos *de quem* os fundos podem comprar.

Se analisarmos essa postura regulatória constataremos que a cautela do regulador, especialmente para os fundos de varejo (que, como veremos adiante, congregam investidores menos qualificados) é direcionada da seguinte forma:

i. *Ativos admitidos nos fundos* – o risco aferido pelo regulador está ligado à volatilidade do preço do ativo e à dificuldade de sua alienação. O racional é que sendo um ativo cujo preço pode oscilar mais e sendo um ativo com maior dificuldade de conversão em dinheiro, maior risco será agregado à carteira do fundo;

ii. *Emissores dos ativos* – a análise de risco está ligada à maior ou menor concentração em emissores e aos próprios emissores. Caso o fundo possua poucos emissores de ativos, é natural que o fundo está exposto a mais risco, pois não há uma pulverização entre mais originadores de ativos. Se, n'outro giro, os emissores não tiverem, por exemplo, boa nota de crédito, ou explorem mercados mais arriscados, ou não desfrutem de tradição/reputação empresarial, o fundo também gerará mais risco, por estar adquirindo ativos de um emissor "mais arriscado".

Quanto à figura do emissor (a entidade que origina os ativos que serão adquiridos pelos fundos de investimentos), a CVM por intermédio do artigo 102 da Instrução 555/14[154] permite que:

i. Até 20% do patrimônio líquido do fundo esteja concentrado em ativos de instituição financeira;

ii. Até 10% do patrimônio líquido do fundo esteja concentrado em ativos de companhia aberta ou fundo de investimento;

iii. Até 5% do patrimônio líquido do fundo esteja concentrado em emissor privado, que não seja uma companhia aberta ou instituição financeira; e

iv. 100% do patrimônio líquido do fundo poderá estar concentrado na União Federal, quando esta for a provedora de ativos para o fundo.

Note-se que a gradação de percentuais de concentração por emissores leva em conta justamente o grau de risco de cada um deles. Assim, o regulador considera que o fundo estar concentrado em ativos de uma instituição financeira é menos arriscado que estar concentrado em ativos de um emissor privado, que não seja companhia aberta ou instituição financeira. Já quanto a União Federal, vale a presunção de solvência da mesma, falando-se em "risco soberano", daí o regulador permitir que o fundo, respeitada a sua classe, possa adquirir, sem limites, ativos financeiros provenientes da União.

Quanto ao tipo de ativo, o artigo 103 da ICVM 555/14, permite que até 20% do patrimônio líquido dos fundos de investimento possa ser direcionado para:

i. cotas de fundos de investimento regidos exclusivamente pela ICVM 555/14;

ii. cotas de fundos de investimento imobiliários;

iii. cotas de fundos de investimentos em direito creditórios e cotas de fundos de investimento em cotas de fundos de investimento em direitos creditórios;

iv. cotas de fundos de índice;

---

[154] O artigo 102, §2º, da ICVM 555/14 permite que até 20% do patrimônio líquido do fundo esteja concentrado em ativos de emissão do administrador, gestor ou empresas ligadas a ambos.

DA ORIENTAÇÃO REGULATÓRIA E A CLASSIFICAÇÃO DOS FUNDOS DE INVESTIMENTOS

v. cotas de fundos destinados e investidores qualificados e cotas de fundos de investimento em contas de fundos destinados a investidores qualificados; e

vi. certificados de recebíveis imobiliários.

Dentro dos 20% do patrimônio líquido indicado no parágrafo anterior, até 5% poderá destinar-se a:

i. cota de fundo de investimento destinado a investidor profissional; e

ii. cota de fundo de investimento em direitos creditórios não padronizados.

Caso o fundo seja destinado a investidores qualificados os 5%, acima detalhados, dobram para 10%. Já os 20%, também acima previstos para os fundos de varejo comprarem cotas de outros fundos e certificados de recebíveis imobiliários, dobram para 40%. Isso pois o investidor qualificado, como será visto adiante, possui condições financeiras e conhecimento de mercado compatíveis com grau de risco mais elevado.

Para alguns ativos o regulador compreende que, diante do baixo risco que os mesmos agregam à carteira dos fundos de investimento, os mesmos poderão ser adquiridos sem limites pelos fundos, são eles: (i) títulos públicos federais; (ii) ouro, enquanto ativo financeiro; (iii) títulos de instituição financeira ou com sua coobrigação; e (vi) valores mobiliários objeto de oferta pública.

Uma importante novidade agregada pela ICVM 555/14, foi a possibilidade dos fundos de investimento, de varejo inclusive, adquirir ativos no exterior. Assim se o fundo for destinado a investidores de varejo, até 20% do patrimônio líquido do fundo poderá ser destinado à ativos no exterior, se o fundo for destinado a investidor qualificado até 40% do patrimônio líquido do fundo poderá ser destinado a ativos no exterior (salvo se houve o comprometimento no regulamento do fundo de destinar pelo menos 67% do patrimônio líquido em ativos no exterior, quando, então o fundo poderá adquirir até 100% de seu patrimônio em ativos *offshore*). Em se tratando de investidor profissional a CVM não estabeleceu limites para aquisição de ativos no exterior.

7. Os Deveres dos Administradores e Gestores dos Fundos de Investimentos

O administrador de fundos de investimento ao captar poupança – por intermédio da instituição distribuidora – mediante a oferta de cotas e, posteriormente, o gestor ao pôr em prática a aplicação dos recursos em ativos financeiros diversos, deverá atentar, de acordo com o fundo modelado, ao respectivo emaranhado normativo, emergindo daí suas obrigações tanto para com as entidades regulatórias quanto para o público poupador, para com terceiros e para com o próprio mercado.

Da leitura dos devedores fixados pela ICVM 555/14[155], nota-se que o administrador e o gestor possuem obrigações de três ordens:

i. *Obrigações fiduciárias* – ligadas à confiança que o investidor deposita nos prestadores de serviços (administrador e gestor) enquanto seus representantes junto ao mercado e guardião de seus recursos;

ii. *Obrigações administrativas* – ligadas à organização dos negócios e do dia a dia do fundo e como interlocutor dos investidores junto à CVM;

iii. *Obrigações de empenho* – ligada à credibilidade do administrador e gestor no emprego dos melhores esforços na busca das melhores condições de mercado para o investidor. Obrigações estas mais ligadas atualmente à performance do gestor de recursos.

[155] E também da ICVM 558/15.

A seguir listaremos as principais obrigações dirigidas aos administradores e gestores de fundos de investimento, especialmente as que podem impactar em hipóteses de responsabilização dos mesmos[156].

É dever do administrador manter atualizadas e em perfeita ordem toda a documentação pertinente às operações realizadas pelo fundo, bem como os registros dos cotistas, os livros de atas e assembleias gerais e de presença de cotistas, os pareceres do auditor independente e o registro de todos os fatos contábeis referentes ao fundo[157].

O administrador deverá elaborar os documentos essenciais do fundo como o regulamento (art. 46, I, ICVM 555/14), a Lâmina de Informações Essenciais (art. 46, III, ICVM 555/14)[158], que deverá ser atualizada mensalmente no site do administrador (art. 42, ICVM 555/14), bem como o Formulário de Informações Complementares (art. 41, ICVM 555/14).

Por meio do fornecimento da Lâmina de Informações Essenciais e sua atualização mensal, o administrador fornecerá aos investidores informações essenciais acerca da política de investimentos e dos riscos envolvidos pelo fundo.

O administrador[159], na forma do artigo 80 da ICVM 555/14, "tem poderes para praticar todos os atos necessários ao funcionamento do fundo de investimento, sendo responsável pela constituição do fundo e pela prestação de informações à CVM na forma desta Instrução e quando solicitado. Conforme previsto pelo artigo 4º, inciso III, da instrução CVM 558/15, sendo administrador pessoa jurídica, deverá atribuir a responsabilidade pela administração de carteiras de valores mobiliários a um ou mais diretores estatutários autorizados a exercer a atividade pela CVM.

---

[156] Dada a extensa gama de obrigações impostas aos administradores e gestores, seja pela ICVM 555/14 ou mesmo pela ICVM 558/15, não exauriremos todos os deveres impostos a estes prestadores de serviços dos fundos de investimento, centrando nosso foco naquelas obrigações correlacionadas ao tema central desta obra.

[157] Cf. ROCHA, Tatiana Nogueira da. (ob. cit. p. 105) e FREITAS, Ricardo dos Santos. (ob. cit. p. 246), conforme artigo 90 da ICVM 555/14.

[158] Importante destacar que a Lâmina de Informações Essenciais é obrigatória para os fundos de investimentos abertos e não destinados a investidores qualificados (cf. art. 42 da ICVM 555/14).

[159] Pessoa jurídica autorizada pela CVM para o exercício profissional de administração de carteiras de valores mobiliários e responsável pela administração do fundo (cf. art. 2, I, da ICVM 555/14 e art. 1º, §3º da ICVM 558/15).

É dever do administrador divulgar o valor diário das cotas do fundo, com exceção dos fundos sem liquidez diária, para os quais será possível divulgar o valor da cota em prazo compatível com a liquidez e a formação do preço de mercado dos ativos da respectiva carteira (cf. artigo 56, I, letras a) e b), da ICVM 555/14). O valor atualizado da cota se trata de informação fundamental para o cotista avaliar a performance do investimento e decidir sua permanência no fundo, ou até mesmo a realização de novos investimentos.

O administrador deverá também manter interlocução, em nome do fundo de investimento, diretamente com a CVM, sendo ele o representante da comunhão de recursos e dos investidores (cf. artigo 80 da ICVM 555/14).

É dever do administrador atestar o conhecimento do investidor, ao ingressar no fundo, sobre: (i) a política de investimentos e os riscos envolvidos no fundo, inclusive com assinatura do investidor no Termo de Ciência de Risco, documento este dispensável apenas para ex-cotistas que tenham retornado ao fundo; (ii) alertar sobre a possibilidade do fundo ter patrimônio negativo; e (iii) sobre a responsabilidade do cotista realizar aportes adicionais no fundo, com previsão expressa desta possibilidade no regulamento do fundo (ex.: a necessidade de custeio pelos cotistas de procedimento extrajudicial ou judicial para tutela de direitos relacionados aos ativos subjacentes da carteira)[160].

Dentre os seus deveres, o administrador e o gestor de fundos de investimento tem, nas suas respectivas esferas de atuação, a obrigação de adotar as seguintes normas de conduta: "I – exercer suas atividades buscando sempre as melhores condições para o fundo, empregando o cui-

---

[160] Cf. art. 25 da ICVM 555/14 – Por meio do Termo de Adesão o investidor atesta que: (i) teve acesso ao regulamento do fundo; (ii) teve acesso à lâmina do fundo; (iii) teve ciência dos 05 principais fatores de risco da carteira do fundo; e (iv) teve ciência da inexistência de garantias contra perdas no fundo. O Termo de Adesão trata-se de documento resumido, com no máximo 5000 caracteres, com a indicação de que maiores informações do fundo deverão ser buscadas no Formulário de Informações Complementares, nos moldes do artigo 41 da ICVM 555/14. O Formulário deverá conter a composição da carteira do fundo; os fatores de risco do fundo, com ordem de relevância e a política de administração de riscos utilizada pelo fundo; a tributação sujeita pelos cotistas; as despesas e remunerações pagas pelo fundo; e a apresentação dos principais prestadores de serviços do fundo. O Formulário de Informações Complementares é um documento virtual, que estará disponível no site da instituição administradora e da distribuidora das cotas do fundo.

RESPONSABILIDADE CIVIL DOS ADMINISTRADORES E GESTORES DE FUNDOS DE INVESTIMENTO

dado e a diligência que todo homem ativo e probo costuma dispensar à administração de seus próprios negócios, atuando com lealdade em relação aos interesses dos cotistas e do fundo, evitando práticas que possam ferir a relação fiduciária com eles mantida, e respondendo por quaisquer infrações ou irregularidades que venham a ser cometidas sob sua administração ou gestão; II – exercer, ou diligenciar para que sejam exercidos, todos os direitos decorrentes do patrimônio e das atividades do fundo, ressalvado o que dispuser o formulário de informações complementares sobre a política relativa ao exercício de direito de voto do fundo; e III – empregar, na defesa dos direitos do cotista, a diligência exigida pelas circunstâncias, praticando todos os atos necessários para assegurá-los, e adotando as medidas judiciais cabíveis. §1º Sem prejuízo da remuneração que é devida ao administrador e ao gestor na qualidade de prestadores de serviços do fundo, o administrador e o gestor devem transferir ao fundo qualquer benefício ou vantagem que possam alcançar em decorrência de sua condição."[161]

No exercício de suas atividades, o administrador e o gestor encontram-se obrigados a se empenhar na busca das melhores condições para o fundo, obedecendo sempre os ditames presentes em seu regulamento, especialmente a política de investimentos escolhida pelo cotista, sem prejuízo das deliberações provenientes da Assembleia Geral de Cotistas. Do mesmo modo, é responsabilidade do diretor indicado perante a Comissão de Valores Mobiliários manter serviço de atendimento aos cotistas, destinados à prestação de esclarecimentos e ao recebimento de reclamações (cf. art. 90, VII, da ICVM 555/14).

É dever do gestor e do administrador do fundo de investimentos acompanhar o cumprimento da política de investimentos do fundo e a obediência dos limites de concentração, acompanhando o enquadramento diário do fundo (cf. artigo 104, §§ 1 e 2, da ICVM 555/14). O fundo de investimentos dever estar enquadrado nos limites de concentração (por ativo e por emissor) e na respectiva classe descrita em seu regulamento.

O administrador e o gestor não estarão sujeitos às penalidades relativas ao descumprimento dos limites de concentração e diversificação

---

[161] Cf. art. 92 e incisos da ICVM 555/14.

da carteira, caso, por fatores alheios a sua vontade, ocorra o desenquadramento passivo do fundo (cf. artigo 105 da ICVM 555/14[162]). Como exemplo, a ocorrência da solicitação de saques expressivos obrigando a administração e a gestão alienar os ativos mais líquidos do fundo, com a manutenção de ativos menos líquidos, gerando com a configuração remanescente o desenquadramento do fundo com relação à classe que deveria estar alinhado.

Neste caso espera-se do administrador e do gestor, de forma a evitar eventual desenquadramento, que acompanhe preventivamente (i) o grau de dispersão dos cotistas do fundo (verificando se eventual pedido de saque de um, ou alguns, cotistas poderá exigir a venda forçada de ativos, desenquadrando o fundo); (ii) que monitore a liquidez dos ativos do fundo (obrigação essa do gestor presente no artigo 91 da ICVM 555/14[163]); e (iii) havendo pedidos de saques incompatíveis, com possibilidade de desenquadramento, poderão, comunicando a CVM, declarar o fechamento do fundo para resgates (cf. artigo 39 da ICVM 555/14).

Caso o desenquadramento não possa ser evitado, deverá o administrador informar o desenquadramento à CVM (art. 39, § 5º, da ICVM 555/14); bem como ser convocar assembleia de cotistas (art. 39, §2º, da ICVM 555/14), para deliberar: (i) a substituição do administrador ou gestor do fundo; (ii) a manutenção do fundo fechado ou sua reabertura para resgates; (iii) seja realizada a cisão, fusão, incorporação ou a liquidação do fundo; e (iv) sejam realizados pagamentos aos cotistas em ativos.

---

[162] "Art. 105. O administrador e o gestor não estão sujeitos às penalidades aplicáveis pelo descumprimento dos limites de concentração e diversificação de carteira, e concentração de risco, definidos no regulamento e na legislação vigente, quando o descumprimento for causado por desenquadramento passivo, decorrente de fatos exógenos e alheios à sua vontade, que causem alterações imprevisíveis e significativas no patrimônio líquido do fundo ou nas condições gerais do mercado de capitais, desde que tal desenquadramento não ultrapasse o prazo máximo de 15 (quinze) dias consecutivos e não implique alteração do tratamento tributário conferido ao fundo ou aos cotistas do fundo."

[163] Com o gerenciamento do risco de liquidez, a administração e a gestão proporcionarão a demonstração do "fluxo de caixa" do fundo de investimento. Alinhando desembolsos (com a indicação do prazo para pagamento de pedido de resgates e também o vencimento das obrigações assumidas pelo fundo de investimento) versus a condição de conversão dos ativos em dinheiro (com a indicação do grau de liquidez dos ativos do fundo e também o grau de dispersão dos cotistas do fundo).

O administrador deverá também informar o Perfil Mensal do Fundo (conforme o anexo 59 à ICVM 555/14), onde evidenciará a posição de risco tomada pela carteira do fundo. Neste documento será divulgada: (i) a sensibilidade do valor da cota do fundo às oscilações de mercado (volatilidade); (ii) a posição tomada pelo fundo em instrumentos derivativos (ressaltando que o fundo ao utilizar estratégias com derivativos, poderá experimentar perdas patrimoniais relevantes aos cotistas, as quais poderão ser até mesmo superiores ao capital investido, o que implicará a obrigação do investidor de aportar recursos adicionais para cobrir o prejuízo do fundo); (iii) a posição tomada pelo fundo em crédito privado (que tendem a apresentar mais risco que os Títulos Federais); e (iv) o nível de liquidez dos ativos do fundo (permitindo se aferir com qual facilidade/dificuldade é possível converter os ativos em dinheiro).

Nos moldes do anexo 56 da ICVM 555/14, o administrador deverá providenciar também o Demonstrativo de Desempenho do fundo de investimentos. Referido documento corresponde a um informe anual dos fundos abertos que ilustra o ganho efetivo da carteira nos últimos 05 anos, indicando: (i) as rentabilidades atingidas pelo fundo; (ii) as taxas cobradas dos cotistas; e (iii) as despesas incorridas pelo fundo, incluindo simulação de impacto das despesas em cenários hipotéticos de ganhos futuros.

A ICVM 555/14 também zelou pela qualidade da informação proporcionada aos investidores. Os administradores de fundos de investimento deverão prestar informações (i) consistentes; (ii) em linguagem clara e objetiva; (iii) equitativas, simultânea e útil aos cotistas; (iv) não sugerir garantia de resultados ou isenção de riscos; e (v) segregar as informações factuais das opiniões e estimativas para o fundo[164].

Da leitura do ICVM 555/14, denota-se a obrigação do administrador e do gestor cumprir com o dever de transparência, revelando aos investidores todas as informações que possam influir na decisão de investimento ou desinvestimento no fundo. Dever este de importância fundamental para os aludidos prestadores de serviços, dada a influência sobre a avaliação a ser realizada pelos investidores acerca da performance do veículo de investimento.

---

[164] Em linha com essa obrigação, antes mesmo da ICVM 555/14, a CVM já havia baixado o Ofício-Circular-CVM-10/2013, cuja essência foi absorvida pelo artigo 40 da ICVM 555/14.

Referida obrigação, se devidamente cumprida, tende a salvaguardar ambas as partes. De um lado o investidor, cada vez mais consciente do investimento realizado e das consequências de adentrar ou de permanecer em determinado fundo de investimento, de outro o administrador e o gestores, tranquilos ao saberem que ofertaram todas as informações necessárias às decisões do investidor que, ao realizar suas opções de investimento, não teve sonegada qualquer informação que sugerisse falha, por omissão do administrador, que interferisse negativamente no respectivo processo de eleição.

A transparência na administração dos fundos de investimento é de tal importância que a regulamentação do setor impõe a segregação da administração de recursos de terceiros das demais atividades da instituição (política denominada de *Chinese Wall)*, e a implementação de rígidos controles internos, por intermédio de políticas de *Compliance*.

Com a segregação da administração de recursos de terceiros das demais áreas da instituição administradora, visa-se evitar que interferências atinjam o andamento normal das carteiras do fundo, impedindo que a instituição controladora interfira na gestão de recursos de terceiros, ou mesmo atue de forma a potencializar conflitos de interesses, colocando em jogo a necessária independência e isenção da prestação de serviços desempenhada pela administração e gestão (v.g. da utilização de recursos do fundo em operações não vinculadas a sua política de investimento, ou, inversamente, a injeção de capitais no fundo por empresa coligada às prestadoras de serviços)[165]-[166].

---

[165] Nesse particular, Eduardo Salomão Neto destaca que os deveres fiduciários – daqueles que o administrador e o gestor de fundos de investimento, dado o caráter fiduciário da relação mantida com os investidores, devem respeitar – "embora não definidos com exatidão pela repugnância que o sistema legal anglo-saxônico tem das generalizações conceituais, implicam a obrigação de que seu sujeito ultrapasse em um dado relacionamento a simples honestidade negocial, ficando a ele vedados os conflitos de interesse e a auferição de qualquer tipo de vantagem em decorrência do exercício de suas funções. (...) Assim, em nosso entender é principalmente o dever de lealdade e suas características especiais que diferenciam a relação fiduciária da simples relação contratual". (O trust e o direito brasileiro. São Paulo: LTR, 1996, p. 106)

[166] Sobre a política de segregação de áreas, conhecida como *Chinese Wall*, Iran Siqueira Lima detalha que: "As empresas coligadas ao administrador e este mesmo não podem manter relações de garantia com as operações do fundo, da mesma forma que aportes de recursos destas empresas para o fundo não são permitidos. Assim, a intenção do normatizador é a de evitar que os fundos sejam utilizados para facilitar as operações de banco e vice-versa.

Almeja-se, de outro lado, que a segregação da administração de recursos dos fundos impeça a obtenção de informação privilegiada por terceiros que possam utilizá-las em proveito próprio ou mesmo de outros, impedindo que os resultados do fundo reflitam as condições mais próximas às de mercado, podendo prejudicar o retorno razoavelmente esperado pelos investidores que já aportaram recursos no fundo e o discernimento daqueles que eventualmente desejem realizar aplicações.

Ressalte-se ainda que, à administração de recursos de terceiros, tal qual ocorre com as instituições financeiras, impõe-se uma rígida rotina de controles internos voltados para "as atividades por elas desenvolvidas, seus sistemas de informações financeiras, operacionais e gerenciais, e o cumprimento das normas legais e regulamentares a elas aplicáveis"[167]. Por intermédio das políticas de *compliance* é realizado o acompanhamento, a revisão, a correção e a atualização de todos os procedimentos, atividades, responsabilidades, cumprimento de normas, a identificação de todos e quaisquer fatores que possam prejudicar o alcance das metas e objetivos programados. Da mesma forma, procede-se a verificação do trânsito seguro de informações dentro da instituição, a avaliação dos riscos associados às atividades da instituição e aos investimentos realizados pelos fundos, o aferimento para saber se os critérios e limites estabelecidos pelas políticas de investimento estão sendo atendidos. Realizam-se, ademais, testes periódicos para verificar a segurança e a confiabilidade dos sistemas de tecnologia da informação utilizados – especialmente em meio eletrônico – e a incorporação às medidas de controles internos de eventuais riscos novos ou anteriormente não detectados que possam prejudicar a administração e a gestão e os respectivos fundos de investimento, inclusive interferindo na política de administração de riscos.

Busca-se, em suma, verificar constantemente o alinhamento da prestação de serviços e do próprio fundo às normas e conduzindo de forma eficiente, e com a devida diligência, os negócios realizados, de maneira a contemplar coerentemente os intentos dos organismos reguladores, dos investidores, do mercado e até mesmo de terceiros.

A ideia central é de uma operação fidedigna, sem conflitos de interesse entre patrocinadores e os cotistas do fundo". (Fundos de Investimentos – Aspectos Operacionais e Contábeis. São Paulo: Atlas, 2004, p. 40).

[167] Cf. O artigo 1º da Resolução 2.554/98 do Conselho Monetário Nacional, que veio a ser alterada pela Resolução nº 3.056/2002, também da lavra do Conselho Monetário Nacional.

Neste particular, vale destaque ao importante trabalho focado na utilização das *Regtechs*[168] para os Fundos de Investimento disciplinados pela ICVM 555/14, no qual Amanda Gouvêa Toledo Barretto, destaca a ampliação do desafio de *compliance* imposto aos administradores e gestores de fundos de investimento, seja para a manutenção de controles simples até funções mais complexas como controles de liquidez, análise de dispersão de cotistas, acompanhamento de riscos e graus de alavancagem, controle de adequação regulatória e autorregulatória, entre outros, e a possibilidade da utilização de ferramentas eletrônicas para otimizar tais controles, assim ponderando: "Adicionalmente, tendo em conta os diversos documentos e as inúmeras informações que precisam ser fornecidas aos investidores para subsidiar suas decisões de compra, manutenção e venda de cotas de fundos de investimento, garantindo a efetividade do princípio do *full disclosure*, essencial para o funcionamento do mercado de capitais (...) as *RegTechs* podem ser empregadas para a elaboração e a disponibilização de tais conteúdos a cotistas e potenciais cotistas. Considerando, ainda, a possibilidade de terceirização de atividades necessárias para o funcionamento do fundo pelo administrador, que tem como contrapartida sua obrigação de fiscalizar os prestadores de serviços contratados (...) verifica-se espaço para a utilização de *RegTechs* para o acompanhamento das atividades desenvolvidas por terceiros."[169]

Ainda no que tange ao dever de *compliance* dos administradores de fundos de investimento, referida obrigação ganhou tamanha relevância que a CVM tem compreendido que os administradores de fundos de

---

[168] Como explica a autora as RegTechs são "empresas cujo foco são ferramentas tecnológicas que visam tornar mais eficiente e efetivo o cumprimento de exigências regulatórias no setor de serviços financeiros. A ideia por trás desta nova abordagem é possibilitar o cumprimento dos requisitos regulatórios vigentes sem a necessidade de uma estrutura volumosa e de altos custos para a área de compliance e os setores relacionados, especialmente para empresas pequenas. O termo "RegTech" foi cunhado no âmbito do Project Innovate, um projeto de incentivo à inovação desenvolvido em 2014 pela Financial Conduct Authority (FCA), entidade reguladora do mercado financeiro no Reino Unido. O projeto tinha como objetivo auxiliar startups e empresas já atuantes no segmento a inserir iniciativas inovadoras no mercado de serviços financeiros, de forma a melhorar a vida dos clientes" (RegTechs e Fundos de Investimento Disciplinados pela Instrução CVM nº 555/14. Monografia apresentada por Amanda Gouvêa Toledo Barreto ao Insper. São Paulo, 2018, p. 19).

[169] (ob. cit. p. 100-101)

investimento, acabam exercendo o papel de *Gatekeepers*[170]. Com essa compreensão os administradores de fundos de investimento além de atenderem a regulação prevista pela CVM para sua atividade, acabam tendo que exercer a fiscalização dos demais prestadores de serviços dos fundos de investimento, sob pena de responder por omissão, agindo como verdadeiro auxiliar do regulador na supervisão do mercado[171], o que ganha reforço com a previsão de responsabilidade solidária entre o administrador e os demais prestadores de serviços do fundo (conforme §2º, art. 79, da ICVM 555/14).

Importante destacar que a atribuição da função de *gatekeeper* às instituições intermediárias e demais participantes do mercado não é nova na regulação do mercado de capitais brasileiro, já foi objeto de reconhecimento pela CVM em outras manifestações[172], pela doutrina nacional[173] e também, de forma anterior, pela doutrina estrangeira[174].

---

[170] Como explica Taimi Haensel, Gatekeepers são "indivíduos ou instituições dotadas de qualificações especializadas (por vezes ligadas a uma profissão), que se valem da confiança e da reputação adquiridas para assegurar, ao mercado de valores mobiliários e aos investidores, a conformidade ao ordenamento jurídico das operações que passarem por seu exame. Tais indivíduos e instituições (...) teriam, concomitantemente, o papel de auxiliares do poder regulador tanto no mercado primário quanto no secundário. A razão disso é que a própria existência e continuidade de seus negócios é colocada em risco ao assegurar, com garantia em sua reputação, questões como (i) a veracidade e correção das ofertas cujas informações chancela; (ii) a adequação das operações realizadas às normas vigentes; e (iii) a prestação de serviços de intermediação de maneira conforme a lei." (A Figura dos Gatekeepers. São Paulo: Editora Almedina, 2014, p. 68-69).

[171] Tal compreensão pode ser observada em passagem do julgamento do Processo Administrativo Sancionador CVM nº RJ2012/12201, em que o presidente da autarquia Leonardo Gomes Pereira, compreendeu pela função dos administradores de fundos de investimento enquanto Gatekeepers, assim asseverando: "E não é esse o comportamento que se espera das administradoras, que funcionam como verdadeiras gatekeepers das regras de funcionamento dos fundos. Pelo contrário, exige-se da administradora uma atuação sob a ótica do ceticismo, atentando-se para as red flags que colocam em dúvidas a veracidade ou regularidade das informações fornecidas e situações apresentadas".

[172] Como exemplo, dentre outras manifestações da autarquia, destacamos a decisão proferida no Processo Administrativo Sancionador 02/2002, da qual reproduzimos a seguinte passagem: "(...) Sem dúvida, a censura a essas operações, quando realizadas ou viabilizadas, como no caso concreto, por atuação direta e comissiva de um intermediário, é especialmente forte, uma vez que os intermediários existem, justamente, para dar confiança e solidez ao mercado. Os intermediários atuam como auxiliares do regulador. São, por isso, chamados na literatura de gatekeepers. Assim, se é apenas reprovável que os intermediários descumpram suas obrigações, quando se trata de questões de mercado, é inadmissível que eles

OS DEVERES DOS ADMINISTRADORES E GESTORES DOS FUNDOS DE INVESTIMENTOS

Por fim, de suma importância destacar o dever de verificação da adequação do investimento ofertado aos investidores. Denominado de dever de *Suitability*, referida obrigação está presente na Instrução CVM 554/14, que dentre outras providências tipifica os tipos de investidores destinatários dos fundos de investimento[175].

---

sejam meios necessários para, conscientemente, realizar no mercado operações ilegítimas, com busca de um resultado "extra-mercado". Relator Pedro Oliva Marcilio de Sousa, p. 18. Disponível em: <http://www.cvm.gov.br/export/sites/cvm/sancionadores/sancionador/anexos/2007/20070117_PAS_0202.pdf.> Acesso em 08/03/2017.

[173] Confira-se: CALABRÓ, Luiz Felipe Amaral. Regulação e Autorregulação do Mercado de Bolsa – Teoria Palco-Plateia, São Paulo: Almedina, 2011; SOUZA JUNIOR, Francisco Satiro de. Agências de Classificação de Créditos e seu Papel de Gatekeepers. Temas de Direito Societário e Empresarial Contemporâneos. Marcelo Vieira Von Adamek (Coordenador). São Paulo: Malheiros, 2011; HAENSEL, Taimi. A figura dos Gatekeepers. São Paulo: Almedina, 2014, ob. cit.; e também o artigo de nossa autoria: A responsabilidade das plataformas eletrônicas nas ofertas de valores mobiliários do Equity Crowdfunding. Revista de Direito das Sociedades de dos Valores Mobiliários. Volume 5. São Paulo: Almedina, 2017, p. 121-139, coautoria de Bruno Santicioli de Oliveira.

[174] Confira-se: KRAAKAMAN, Reinier H. Gatekeepers – The Anatomy of a Third-Party Enforcement Strategy. Jornal of Law, Economics and Oganization, v. 2., n.1, 1986. e COFFEE, JR., John C., Gatekeepers: The Professions and Corporate Governance. Oxford University Press, 2006.

[175] De acordo com a ICVM 554/14, os investidores foram divididos em três classes: (i) investidor de varejo; (ii) investidores qualificados – (i) pessoas físicas ou jurídicas com investimentos em valor superior a R$ 1.000.000,00, e que ratifiquem atestado de condição de investidor qualificado, conforme anexo 9-B da instrução; (ii) pessoas físicas aprovadas em exame de qualificação ou com certificação necessária para o registro de agentes autônomos de investimentos, administradores, analistas e consultores em valores mobiliários, em relação a seu recursos; (iii) clubes de investimento geridos por investidores qualificados; e (iv) empregados ou sócios da instituição administradora ou gestora, autorizado pelo diretor responsável junto a CVM; (iii) investidores profissionais – (i) instituições financeiras e demais instituições autorizadas pelo BACEN; (ii) seguradoras, sociedades de capitalização e entidades de previdência complementar; (iii) pessoas físicas ou jurídicas com investimentos em valor superior a R$ 10.000.000,00, e que ratifiquem atestado de condição de investidor profissional, conforme anexo 9-A da instrução; (iv) fundos de investimento e clubes de investimento, geridos por administrador autorizado pela CVM; (v) administradores, agentes autônomos, consultores e analistas, em relação a recursos próprios; e (vi) empregados e sócios da instituição administradora ou gestora, autorizado pelo diretor responsável junto a CVM. Cada classe de investidor admite um tratamento diferenciado pela CVM, adequado ao seu porte econômico e conhecimento de mercado. Natural que a tutela dispensada ao investidor de varejo seja a mais cuidadosa por parte da autarquia.

De acordo com a ICVM 554/14, ao recomendar investimentos devem os administradores de fundos verificar: (i) o objetivo de investimento almejado pelo investidor; (ii) o perfil de risco que o investidor aceita suportar; (iii) o patrimônio do investidor, pesquisando se com o investimento haverá alavancagem exacerbada de risco pelo investidor em relação ao seu patrimônio; e (iv) o conhecimento de mercado do investidor, constatando sua experiência com a modalidade de investimento oferecida.

Para cumprir com o dever de adequação do investimento, os administradores devem realizar questionário periódico com os investidores, inclusive para verificar se o perfil do investidor alterou ao longo do tempo, e até mesmo se os investimentos realizados não são conservadores demais para o perfil atual do investidor.

Tem compreendido a CVM que o dever de *Suitability* envolve a vedação à oferta de investimentos não alinhados com o perfil do investidor. Contudo, caso o investidor insista no ato de investimento, ainda que desalinhado com o seu perfil, não caberá ao administrador negar a contratação do investimento, cabendo-lhe fazer as devidas advertências de risco e inadequação, obtendo do investidor o respectivo questionário de verificação de perfil de risco.

Tendo ilustrado a estrutura regulatória e as principais obrigações impostas aos administradores e gestores de fundos de investimento, podemos avaliar que, em nosso entendimento, foi criado um complexo feixe de obrigações, contendo inclusive preceitos comportamentais de ordem ética e moral, que, uma vez observados, induzem a uma eficiente proteção a todos os envolvidos na empresa dos fundos de investimento, particularmente das pessoas que neles investem.

8. Da Política de Investimento e os Elementos de Riscos Para os Fundos de Investimento

Conforme destacamos, os administradores e gestores de fundos de investimentos devem prestar todas as informações que possam influir na decisão de investimento do público poupador, buscando justamente viabilizar o julgamento de que a modalidade de fundo escolhida é a que mais se ajusta aos interesses do cotista, em termos do retorno financeiro esperado, dado um determinado grau de risco suportável. Como visto, essa obrigação deriva do dever de transparência e de verificação de adequação (*Suitability*) imposto aos administradores de fundos de investimento.

Não é por outro motivo que a descrição da política de investimentos é elemento fundamental do regulamento, e, em não se tratando de investidor qualificado, da lâmina dos fundos de investimentos. Como vimos a divulgação dos riscos atrelados também é parte da extensa lista de obrigações impostas aos administradores de fundos de investimentos.

Por intermédio da política de investimentos o administrador do fundo revela aos investidores e aos organismos reguladores como serão alocados os recursos aportados pelos cotistas, ou melhor, quais as aplicações nos mercados financeiros, de capitais e de futuros que comporão a carteira criada, observados os limites regulamentares, de forma a permitir o conhecimento da classificação do fundo em questão.

Permitindo o conhecimento da classificação do fundo, o administrador torna transparente aos investidores o grau do risco a ser experimentado, caso o investidor opte pela integralização de suas cotas.

A diferenciação da classificação "é importante na medida em que a escolha desta ou daquela espécie de fundo implica definir o portfólio que irá integrar a carteira de cada um, a política de investimento, e, por consequência, o grau de risco a ser assumido e, ao final, demonstra se a instituição administradora adota uma política de investimentos agressiva, ou se é uma instituição conservadora. Assim é que, na escolha do portfólio, o administrador do fundo irá definir quais os ativos que integrarão a carteira e em que percentual (títulos públicos, privados, derivativos); em que mercado irá atuar (financeiro, de capitais, futuros); o grau de risco que irá assumir e o público alvo. Na escolha dos ativos, irá selecionar aqueles com melhor perspectiva de rentabilidade e analisará os riscos de flutuação de seu preço no mercado, objetivando, contudo, sempre alcançar a maior rentabilidade possível".[176]

Desse modo, com a definição clara da política de investimento, saberá o investidor quais os rumos que serão seguidos pela administração/ /gestão da carteira, e, consequentemente, a que riscos seu investimento estará sujeito.

Além do dever de prévia discriminação da política de investimentos, os fundos de investimento, inclusive em atenção aos limites de alocação, diversificam a composição de suas carteiras, almejando diluir ao máximo o risco a que o investidor se encontra exposto. De outro lado, como adverte Tatiana Nogueira da Rocha, "apesar de a rentabilidade em nenhum momento ser garantida pelo administrador dos fundos de investimento, deve ser perseguida apesar dos riscos que possam existir. (...) A rentabilidade da carteira de ativos do fundo depende da sua distribuição entre títulos seguro e de baixo rendimento e outros de mais risco e maior rendimento. A arte do administrador está em equilibrar rentabilidade e risco (...)"[177].

Ao cientificar-se do binômio "rentabilidade/risco", deve o investidor, quando do recebimento do regulamento do fundo, analisar os riscos ligados ao investimento, atrelando-os ao potencial de rentabilidade do

---

[176] PERRICONE, Sheila, ob. cit. p. 86.
[177] Ob. cit. p. 116.

mesmo, e não basear-se, quando da decisão de investimento, apenas nas rentabilidades históricas ou mesmo nos riscos passados ostentados pelo fundo, justamente porque, dada a oscilação mercadológica do valor dos ativos que compõem a carteira do fundo, o desempenho passado não constitui garantia do desempenho futuro de qualquer fundo de investimento[178].

Como o valor da cota do fundo deve acompanhar a oscilação dos ativos que compõem a respectiva carteira, não há, com efeito, como garantir que o comportamento histórico de um fundo tenderá a se repetir no futuro, principalmente na realidade mercadológica atual, em que inúmeros fatores influem na precificação dos ativos negociados nos mercados financeiros e de capitais.

O que poderá ser abstraído da política de investimentos e, principalmente, da alocação dos recursos investidos, é a susceptibilidade dos ativos integrantes da carteira a possíveis oscilações, falando-se então em fundos de investimentos com ativos de maior ou menor volatilidade[179].

Ao nosso ver a escolha de uma determinada modalidade de fundo de investimento não tem como fugir da análise do cenário macroeconômico do momento, e, em sendo o caso, também da consideração do setor econômico relativo ao investimento escolhido. Se, por exemplo, há tendência à redução dos juros básicos da economia, a aplicação em fundo de renda fixa poderá ser interessante, e assim sucessivamente. Portanto, parece-nos relevante que o investidor, ao verificar a política de investimentos de um fundo e a alocação dos recursos a serem investidos, avalie, se necessário socorrendo-se da análise macroeconômica e da respectiva recomendação normalmente disponibilizadas pelas instituições gestora e administradora, as condições do mercado – e não apenas no curto prazo – em relação aos fundos de investimento que lhe são mais interessantes.

---

[178] Nem mesmo a adoção de políticas de administração de riscos pelo administrador é garantia contra eventuais perdas patrimoniais que possam ser incorridas pelo fundo.

[179] Na explicação de Eduardo Fortuna, volatilidade é a "dispersão para cima ou para baixo da rentabilidade diária em relação à média da rentabilidade em determinado período. (...) Para medir a volatividade de um fundo, considera-se a variação diária do valor da cota em determinado período de dias úteis. Compara-se a variação sucessiva a cada dia nas cotas e, utilizando-se um algoritmo matemático, chega-se a um índice de volatilidade que determina o grau de risco para o investidor". (Mercado Financeiro: Produtos e Serviços. 14ª edição. Rio de Janeiro: Qualitymark, 2001, p. 298)

Contudo, mesmo praticada a política de investimentos com a adequada alocação dos recursos investidos, e adotados padrões eficientes de controle de riscos, poderão ocorrer circunstâncias – com a concretização de prejuízos – que resultem em perdas significativas para os fundos de investimento, podendo até resultar em patrimônio negativo, o que reclamará a convocação dos cotistas para novo aporte de recursos.

Podemos destacar os principais riscos[180], que podem afetar o preço dos ativos da carteira que compõe um fundo de investimento em: (i) risco de crédito; (ii) risco de mercado; (iii) risco de liquidez; (iv) risco operacional; (v) risco legal, entre outros riscos destacados pela doutrina, como o risco político, risco de força maior, riscos "fora do balanço", risco inerente à utilização de estratégias com instrumentos derivativos, e risco de concentração de emissor ou setor.

O risco de crédito encontra-se centrado na ponderação da possibilidade da contraparte (emissora de um título que integra a carteira de um fundo) não honrar as obrigações decorrentes do título, gerando – dependendo do grau de risco, maior ou menor – possibilidade de sobrevir a inadimplência.

No ensinamento de Jairo Saddi, o "risco de crédito é a probabilidade de, num contrato de mútuo, o devedor não satisfazer o credor quanto ao seu crédito nas datas e condições avençada. (...) Ross estreita esse conceito, definindo-o como *probabilidade de que os juros ou o principal não sejam pagos nas datas devidas e nas quantidades prometidas*"[181].

O risco de mercado, por sua vez, encontra-se associado a possíveis modificações no retorno esperado de um investimento em decorrência de alterações em fatores de mercado, como taxas de juros, taxas de câmbio, preços de *commodities* e ações[182].

---

[180] Na conceituação fornecida por Antonio Marcos Duarte Junior, "risco pode ser definido como uma medida de incerteza relacionada aos retornos esperados de um investimento", (A Importância do Gerenciamento de Riscos Corporativos. São Paulo: Ibmec, 25 de março de 2003)

[181] Ob. cit. p. 100.

[182] Nesse vértice, Antonio Marcos Duarte Júnior, cita dois exemplos de risco de mercado: "1) Um joalheiro que mantém uma grande quantidade de ouro, prata e platina para seu trabalho diário. As variações dos preços destes metais preciosos no mercado internacional causam variações no patrimônio de sua joalheria. 2) Uma seguradora que é obrigada na sua tarefa diária a administrar seu ativo-passivo. O fato de seu ativo estar aplicado em papéis pré-fixados

DA POLÍTICA DE INVESTIMENTO E OS ELEMENTOS DE RISCOS PARA OS FUNDOS DE INVESTIMENTO

Como a rentabilidade dos títulos e valores mobiliários que compõem a carteira do fundo oscila em razão dos seus valores de mercado, as cotas dos fundos poderão, por correlato, admitir valorização ou desvalorização.

Conforme o esclarecimento de Lauro de Araújo Silva Neto: "o risco de mercado é o risco mais fácil de ser entendido, ele está relacionado com o preço e valor de bens, serviços, índices, *commodities* etc. Esse risco é também negociado em bolsas de valores, futuros, opções e mercadorias. Ele está diretamente ligado à forma pela qual o preço de um bem ou derivativo se comporta no dia-a-dia. É o que podemos ganhar ou perder quando compramos um determinado contrato, derivativo, ativo, pela simples mudança de seu preço e valor"[183].

Com a avaliação diária do valor das cotas dos fundos de investimento, expectativas de mercado já são suficientes para possível alteração da rentabilidade de um fundo. Se, por hipótese, a formação futura das taxas de juros – a cuja variação os ativos do fundo estiverem atrelados – indicar elevação, valorizada será a cota do fundo de investimento, caso obviamente não esteja "pregado" a um juro pré-fixado.

Já para aferir o risco de liquidez[184], o investidor deverá acompanhar como se comporta a demanda por títulos ou valores mobiliários integrantes da carteira do fundo de investimento. Se a demanda for fraca, ou mesmo não existir, a rentabilidade do fundo inevitavelmente regredirá, dada a dificuldade de liquidação de seus ativos, impondo a sua alienação por valor inferior àquele anteriormente ostentado, podendo inclusive implicar a liquidação ou o encerramento do fundo.

Já o risco operacional decorre do erro humano, de falhas de sistema, falta dos devidos controles internos, realização de avaliações equivocadas, adoção de procedimentos não adequados, entre outras ocorrências relacionadas diretamente à gestão do fundo, que acabam prejudicando a sua rentabilidade.

Para Antonio Marcos Duarte Júnior "o risco operacional pode ser definido como uma medida das possíveis perdas em uma instituição caso seus sistemas, práticas e medidas de controle não sejam capazes de

---

ou pós-fixados leva a diferentes variações no seu patrimônio diante de variações repentinas nas taxas de juros" (ob. cit. p. 2).

[183] In Derivativos – Definições, Emprego e Risco. 4ª edição. São Paulo: Ed. Atlas, 2002, p. 163.

[184] Aquele que no entendimento de Sheila Perricone "é o que decorre da dificuldade de venda de um ativo da carteira no mercado" (ob. cit. p.87).

resistir a falhas humanas ou situações adversas de mercado. Dois exemplos de risco operacional são: 1) Uma subsidiária de um conglomerado industrial que toma decisões estratégicas sem consultar a matriz; 2) uma administradora de cartão de crédito que não investe recursos em base regular de forma a evitar a ação de fraudadores contra si".[185]

O risco legal encontra-se relacionado à possibilidade de condições não regulares, geradas pela modificação da interpretação legal – em razão de nova orientação doutrinária ou mesmo jurisprudencial –, ou por inovações diversas impostas ao ordenamento jurídico, capazes de impedir o cumprimento esperado de obrigações e de contratos firmados, de forma a prejudicar os resultados dos fundos de investimento. Também se associa ao risco legal a possibilidade de uma decisão judicial não favorável interferir no valor de ativos integrantes da carteira do fundo.

Neste particular, Jairo Saddi define que "risco legal é aquele risco de desvalorização de ativos ou de valorização de passivos em intensidade inesperada perante mudanças na legislação ou regulação bancária, rumos de uma demanda judicial, parecer ou orientação de cunho legal. Segundo Lundberg, "os bancos podem ser bastante afetados por tais riscos quando adotam novos tipos de transação ou quando os direitos legais de uma contraparte num negócio não estão estabelecidos"[186].

Outros riscos poderão afetar os resultados esperados por aquele que investiu em fundos de investimento, Tatiana Nogueira da Rocha lista como um deles o risco de concentração de emissor ou setor, sustentando que "os riscos de concentração de investimentos em determinados emissores ou seus respectivos setores de atuação aumentam a exposição da carteira dos fundos de investimento aos riscos inerentes a tais emissores ou setores de atuação, podendo, inclusive, aumentar a volatilidade dos fundos de investimento"[187].

A mesma autora destaca que a utilização de estratégias ligadas a instrumentos derivativos[188] pode implicar relevantes prejuízos, uma vez

---

[185] Ob. cit. p. 3.

[186] Ob. cit. p. 101.

[187] Ob. cit. p. 119-120.

[188] O Professor Marcos Paulo de Almeida Salles explica que os negócios jurídicos denominados de *derivativos* correspondem a "operações de natureza bursátil que derivam daquelas que nascem com prestações diferidas e que, no intervalo do deferimento abrem oportunidades para operações outras que venham a minimizar os riscos, ou maximizar os resultados, das

que "por intermédio do mercado de derivativos torna-se possível a aplicação de mais recursos do que um fundo de investimento realmente possui, ocasionada pela alavancagem", esclarecendo que "são nesses casos que pode ocorrer a perda superior ao patrimônio do fundo de investimento"[189].

Deve-se ainda considerar que os resultados dos fundos de investimento também poderão ser afetados por riscos políticos, aqueles "causados em decorrência de guerras, revoluções e mudanças políticas ou partidárias abruptas, que acarretem, em casos extremados, a desestabilização do regime político. Intrinsecamente aliados a esse tipo de risco político estão os riscos soberanos dos países, os quais dizem respeito às eventuais dificuldades de pagar dívidas contra credores externos em função da não-conversibilidade da moeda local ou mesmo de restrições criadas à remessibilidade de moeda estrangeira"[190]. Possuindo o fundo de investimento títulos cuja variação possa ser afetada por tais fatores, obviamente sua rentabilidade restará prejudicada.

Poderão ocorrer outros riscos decorrentes de situações que não estejam contabilizadas nas demonstrações financeiras de entidades das quais determinado fundo de investimento detenha papéis. Para Jairo Saddi, "são todas aquelas atividades que, mesmo não estando computadas nas demonstrações contábeis publicadas, podem gerar desembolsos de caixa, muitas vezes em proporções significativas, por terem declarado obrigações reais como efetivamente assumidas. Bem exemplificam os riscos "fora-do-balanço" aqueles decorrentes de avais, fianças ou outras garantias concedidas pelas instituições financeiras"[191].

Finalmente, destacam-se como mais remotos os riscos de força maior,[192] como aqueles derivados de eventos catastróficos ligados à natureza, como tempestades, furacões e terremotos, entre outros[193].

---

primeiras. Ou, como diz Álvaro Antônio Zini Jr. "derivativos são contratos financeiros sem contrapartida direta, quer na produção de um bem ou na prestação de um serviço" (...) Para Hull derivativos 'são instrumentos financeiros cujo preço depende do preço de outra coisa", (O *Contrato Futuro. São Paulo*: Cultura Editores Associados, 2000, p. 19)

[189] ob. cit. p. 120.

[190] SADDI, Jairo S., ob. cit. p. 99.

[191] Ob. cit. p. 101-102.

[192] Conforme artigo 393 do Novo Código Civil.

[193] SADDI, Jairo S., ob. cit. p. 99.

Encerrando essa passagem, em que abordamos política de investimentos e riscos atrelados ao portfólio dos fundos de investimento, importante reproduzirmos ensinamento do Professor Haroldo Verçosa, extremamente elucidativo e pertinente ao tema:

> As aplicações no mercado de capitais são feitas em um ambiente de risco, a ele inerente, cuja intensidade será maior ou menor na dependência do tipo de investimento escolhido pelo aplicador. (...) As considerações acima vêm a propósito de recente decisão da 4ª turma do STJ sobre a discussão da responsabilidade de gestor de um fundo de investimento diante de perdas experimentadas pelo seu cliente, o que se coloca no plano de um risco conscientemente assumido. No caso aquele tribunal decidiu acertadamente pela não responsabilidade do gestor diante das perdas decorrentes da desvalorização da moeda brasileira em janeiro de 1999, como efeito da mudança na política cambial, então determinada pelo governo.
>
> Em segunda instância o TJ/RJ havia determinado a responsabilidade do gestor, tendo em conta que este seria detentor exclusivo da escolha do objeto do investimento, sem a necessidade de manifestação prévia do cliente. Deste fato decorreria a responsabilidade do gestor pelas perdas. Aquele Tribunal não entendeu bem a mecânica dos investimentos no caso sob julgamento. Nenhum gestor é doido para assumir uma responsabilidade dessa espécie, arcando com os prejuízos e tendo parte nos ganhos. A mecânica é diversa. O cliente assina um termo junto ao gestor indicando o perfil do seu investimento e é com base nessas instruções que as aplicações são feitas. É claro que a responsabilidade do gestor surge a partir do momento em que ele ultrapassa as instruções recebidas. Na falta de uma instrução específica, diante do simples fato de ter o aplicador contratado investimento em carteira de derivativos, já se presume a assunção de riscos extraordinários. Especialmente quando se trata de investidor qualificado (segundo os autos, analista financeiro do Banco Bozano Simonsen), caso em que pode ser considerada inexistente a assimetria de informações entre ele e o gestor do fundo. Os dois se encontram no mesmo patamar.[194]

---

[194] In Mercado de Capitais: Risco X Informação. 2012. Disponível em: http://www.migalhas.com.br/dePeso/16,MI164930,61044-Mercado+de+capitais+risco+X+informaçao, acesso em 08/10/2018.

9. Responsabilidade Civil dos Administradores e Gestores de Fundos de Investimento

A análise da responsabilidade civil dos administradores e gestores de fundos de investimento é tarefa que nos obriga a retomar conceitos e princípios legais desenvolvidos desde o início desta obra.

De fato, como mencionamos anteriormente, a interpretação meramente literal do disposto pelo artigo 927 do novo Código Civil – em especial a dicção de seu parágrafo único –, tende a ensejar conclusões no mínimo imprecisas, das quais destacamos a ampliação da incidência da responsabilidade objetiva para toda situação que normalmente desenvolvida implique riscos para os direitos de outrem.

Sendo assim, somente por meio da interpretação sistemática, que aborde a responsabilização civil dos administradores e gestores de fundos de investimento com a atenção focada no contexto normativo que envolve o ordenamento civil vigente, e de igual modo nas normas e princípios que regem as atividades dos fundos, é que poderemos alcançar uma formulação idônea acerca da natureza de tal responsabilidade.

Deve-se frisar, a esse respeito, que a doutrina há muito vem mostrando a necessidade da adoção da interpretação sistemática como método hermenêutico mais adequado à solução de questões jurídicas controversas.

Em estudo apresentado pelo Professor Arnoldo Wald, em seminário realizado na Universidade de Brasília em dezembro de 1977, o renomado estudioso, citando o entendimento do saudoso jurista Vicente

Ráo, registrou, quando da análise da responsabilização do administrador de instituição financeira, que "O Professor da Faculdade de Direito de São Paulo, para defender a sua tese, invoca, além da interpretação literal, a compreensão sistemática do nosso direito privado, para reconhecer que o princípio básico aplicável no campo da responsabilidade é o da culpa, só se admitindo, excepcionalmente e em virtude de texto expresso de lei, o dever de ressarcir danos fundamentado no risco"[195].

Sem divergir, Fábio Ulhôa Coelho, em manifestação mais recente, também defendeu que "A interpretação sistemática resulta melhor que outras, na medida em que pressupõe a existência de um tratamento jurídico articulado de matérias relacionadas entre si. Através deste método exegético, o intérprete e o aplicador das normas jurídicas realizam renovadas referências aos princípios e normas gerais, considerando o próprio fundamento racional e axiológico do direito (...). Considerar, em suma, o conjunto de normas vigentes sobre certo assunto um sistema, isto é, um todo articulado de sentido, que permite dar aos casos concretos nelas subsumidos soluções mais ajustadas aos valores básicos da ordem jurídica"[196].

Como sustentamos, a análise isolada do dispositivo legal que rege a atual sistemática da responsabilidade civil não permite o aferimento de qual seria o regime da responsabilidade aplicável aos administradores e gestores de fundos de investimento. Como, outrossim, já ponderamos, a doutrina é uníssona ao considerar que o comando normativo em apreço relegou à jurisprudência o encargo de definir quando se trataria, exercida uma determinada atividade de risco ou perigo aos direitos de outrem, de responsabilidade civil **subjetiva** ou **objetiva,** justamente porque o legislador não esclareceu a questão.

Destarte, a responsabilidade civil dos administradores e gestores de fundos de investimento, num primeiro momento poderia ser considerada como de natureza objetiva, pois, como visto, a atividade normalmente desempenhada não tem como ser dissociada da influência de inúmeros riscos (v.g. riscos de mercado, riscos de liquidez, riscos de crédito, entre outros) que, majorados ou diminuídos, alteram diretamente o seu resultado, de todo aleatório, até o momento da sua constatação.

---

[195] In A Culpa e o Risco como Fundamentos da Responsabilidade Pessoal do Diretor de Banco. Revista de Direito Mercantil 24/29, p. 31 (negritos nossos).
[196] Ob. cit. p. 111.

Doravante, como almejamos demonstrar, a interpretação sistemática da questão caminha exatamente no sentido oposto.

Tal qual dissemos no início, a nova legislação civil teve como marca indissociável a prioridade dos interesses coletivos em relação aos interesses individuais, a necessária obediência à boa-fé objetiva, ao comportamento moral e ético nas relações privadas, buscando sempre o atendimento de uma determinada função social, relacionada diretamente à incidência de seus dispositivos.

De seu lado, o Direito dos Mercados Financeiro e de Capitais, regedor das atividades dos administradores e gestores de fundos de investimentos, não possui como base principiológica elementos que discrepam dos princípios que norteiam o Código Civil. Pelo que tivemos a oportunidade de examinar, os princípios da proteção da mobilização da poupança nacional, da proteção da economia popular, da proteção da estabilidade da entidade financeira, e o da proteção da transparência das informações, contemplam cuidados dirigidos aos interesses coletivos, ao atendimento de funções sociais, nitidamente protetoras da saúde do sistema financeiro nacional, da viabilização dos mercados financeiro e de capitais como elementos de desenvolvimento da política econômica do País e da tutela das pessoas físicas ou jurídicas que se dirijam a esses mercados.

A regulação e a regulamentação dos mercados Financeiros e de Capitais, mais especificamente no que tange aos fundos de investimento, da mesma sorte encontram-se direcionadas primordialmente à defesa dos interesses dos cotistas, impondo rígida disciplina a ser obedecida pelos administradores e gestores, a quem o público investidor confiou a administração de seus recursos. Essa disciplina é cercada por inúmeras obrigações (v.g. do dever de transparência, do dever de diligência e adoção dos melhores esforços, da adoção de rígidas rotinas de controles internos e de segregação da administração e gestão dos recursos aportados). Está, da mesma forma, também permeada por princípios como a boa-fé, a ética, a moralidade, sendo até mesmo possível aferir-se a presença da função social na regulação e na regulamentação dos fundos de investimento.

Tal sucede porque essa regulamentação é claramente dirigida à viabilização do ambiente propício à realização da transferência de capitais entre as unidades que os detêm e aquelas necessitadas da sua obtenção, para o implemento de seus projetos. Desnecessário dizer que tais transferências de capitais devem ocorrer em condições de mercado saudável, ou seja, sem a manipulação de preços e sem a utilização de informações que afetam a credibilidade do sistema.

Não há, de tal forma, como sustentar a falta de pontos identificáveis, ou mesmo o conflito principiológico e normativo entre a estrutura jurídica montada para a nova codificação privada brasileira e aquela que vem se desenvolvendo para os fundos de investimentos.

Com isso, sem maiores delongas, chegamos que a identificação da natureza jurídica da responsabilização civil dos administradores e gestores de fundos de investimento pode e deve basear-se em elementos normativos não idênticos, mas que guardam correlação entre si, permitindo a adoção da interpretação conjuntural destes preceitos legais justamente por integrarem sistemas jurídicos que se harmonizam[197].

Retomando o disposto pelo Código Civil temos que a regra geral da responsabilização assenta-se na necessidade de recomposição do ente lesado pelo agir ilícito – no que se inserem os atos praticados com abuso de direito – decorrente da ação ou omissão culposa ou dolosa, em todas as suas modalidades e extensões, imprimindo ao mesmo tempo o respectivo castigo, capaz de desestimular novas práticas indevidas.

Para o sucesso de sua empreitada deverá a vítima demonstrar e comprovar a ocorrência do agir ilícito e a sua extensão, o dano suportado e a sua respectiva dimensão, a falta de sua interferência na provocação do dano, e a relação de causalidade estrita entre a conduta irregular e o dano suportado.

Como medida excepcional à regra da responsabilidade civil subjetiva, com a correlata retirada do ônus probatório imposto normalmente à vítima, duas possibilidades, anteriormente analisadas, surgem: (i) quando a normalidade da situação que gerou o prejuízo induz à maior probabilidade e verossimilhança de que a conduta do agente presume-se não

---

[197] Para tanto, o Professor Miguel Reale, citado por Sheila Perricone (ob. cit. p. 94), ensina que "(...) o trabalho do intérprete, longe de reduzir-se a uma passiva adaptação a um texto, representa um trabalho construtivo de natureza axiológica, não só por se ter de captar o significado do preceito, correlacionando-o com outros da lei, mas também porque se deve ter presentes os da mesma espécie existentes em outras leis: a sistemática jurídica, além de ser lógico-formal, como se sustentava antes, é também axiológica ou valorativa" (Lições preliminares de direito. São Paulo: Saraiva, 1983. p. 273-289)

regular, competirá ao demandado desfazer a versão trazida pelo suposto lesado, mesmo porque em tais casos atribuir o ônus probatório à vítima, para quem a realização da prova encontra-se fora de seu alcance, significaria retirar a possibilidade de êxito na obtenção da indenização por parte daquele que ostenta indícios de merecimento; ou, (ii) aplica-se como regra de julgamento a responsabilidade objetiva, com o abandono integral da responsabilidade subjetiva, justamente por tornar-se desnecessária a presença da culpa, genericamente considerada, como tempero da conduta do agente.

Somente tem aplicabilidade tal sistema de responsabilidade quando a lei a admitir expressamente, ou quando, tal qual previsto pelo Código Civil, visualizar-se que o desenvolvimento da atividade levada a cabo pelo agente é potencialmente geradora de riscos incomuns, de modo a justificar a sua responsabilização, sem, repetindo sequer ser necessária a verificação do seu agir, uma vez que a elevação do perigo de dano seria fator suficiente à pronta necessidade de indenização da vítima.

Por outro lado, expusemos que não teve a gênese da responsabilidade objetiva como móvel a repressão de condutas indevidas, mas sim a viabilidade de indenização por vítimas, não tuteláveis pela responsabilidade subjetiva, mas que devem ser indenizadas, por causa do caráter potencialmente lesivo, em razão do risco envolvido, da atividade desempenhada. Se de um lado a responsabilidade subjetiva busca indenizar o lesado e educar a vontade do agente, para que reflita e, no futuro, se porte de maneira condizente, de outro lado, a responsabilidade objetiva volta-se mais à vítima, pautada que está na necessidade de indenizá-la em situações especiais.

Ponderadas as responsabilidades impostas aos administradores e gestores de fundos de investimento, extraímos que a regulamentação setorial não dispõe a responsabilidade objetiva desses[198]. Impõe, sim, normas de conduta cuja desobediência poderá implicar a responsabilização destes, caso desrespeitem, por culpa ou dolo, as obrigações que lhe são impostas para que passe a responder, para com os cotistas, perante o mercado, ou mesmo em relação à sociedade.

---

[198] Nesse caminho, Ricardo de Santos Freitas assevera que "Nem Bacen nem CVM estipulam a responsabilidade objetiva dos administradores de fundos. (...) Aos administradores de fundos recai, segundo nosso entendimento, uma responsabilidade de natureza subjetiva, fundada no dolo ou na culpa", (ob. cit. p. 250).

RESPONSABILIDADE CIVIL DOS ADMINISTRADORES E GESTORES DE FUNDOS DE INVESTIMENTO

Nessa linha, concluímos que, de acordo com a normatização administrativa e legal dos fundos de investimento, não podem os seus administradores e gestores ser responsabilizados se agirem corretamente[199], dado que prestigiado foi o elemento culpa constante das normas emanadas dos órgãos reguladores, e da legislação aplicável. Portanto, não há norma especial que anteveja a responsabilidade objetiva dos administradores e gestores de fundos de investimento.

No que se refere ao comando normativo que estabelece a incidência da responsabilidade objetiva, quando a atividade normalmente desenvolvida pelo autor de um dano implicar, por sua natureza, risco para os direitos de outrem, da mesma forma não conseguimos vislumbrar a possibilidade de sua aplicação aos administradores e gestores de fundos de investimento.

Ao nosso ver, a defesa da tese que se inclina à responsabilidade objetiva dos negócios dos fundos de investimento está associada à falta de cultura de investimento de nossa sociedade, dando oportunidade à formulação de ideias muito distantes da realidade do mercado financeiro e de capitais.

Se para as pessoas que conhecem, ainda que superficialmente, o funcionamento dos mercados financeiro e de capitais, pode parecer banal sequer imaginar a responsabilidade objetiva dos administradores e gestores de fundos, para outras pessoas – provenientes dos mais diversos níveis sociais e de instrução – pode transparecer que seria idôneo responsabilizar os prestadores de serviços dos fundos de investimento somente por que operar nos referidos mercados envolve risco, devendo os prestadores, "detentores de recursos", assumir eventual prejuízo[200].

---

[199] Fábio Ulhôa Coelho, ao examinar questão semelhante, relativa a responsabilidade do administrador de Instituição Financeira, pregou que "(...) não existindo nenhuma regra que expressamente excepcione o regime geral, este haverá de ser atendido. Como o legislador não atribuiu aos administradores de instituições financeiras responsabilidade com inversão do ônus de prova, ou independente de culpa – nenhum dispositivo legal o estabelece expressamente –, a conclusão a se impor é a de que vige o regime de responsabilização subjetiva, do tipo clássico. Ou seja, o administrador de instituição financeira responde pelo prejuízo que causar à sociedade anônima de cuja administração participa, sempre que descumprir qualquer dever que a lei ou os estatutos lhe impuseram". (ob. cit. p. 107)

[200] Tal se observa em parcela da jurisprudência de nossos tribunais. No caso cujo acórdão segue citado a instituição administradora de fundo de investimento poderia implementar a regra da "marcação a mercado" a partir de maio de 2002, o que alteraria a forma de cálculo

142

Em razão da cultura nacional voltada à realização de aplicações financeiras mais conservadoras (v.g. especialmente da caderneta de poupança), a sociedade em geral cultivou a noção de que a capitalização constante e crescente dos recursos aportados é garantida. Imagina-se que a soma dos recursos aplicados terá sempre rentabilidade positiva, sem possibilidade de oscilações bruscas, especialmente negativas. Porque entendem esses investidores que não estão aplicando no mercado acionário, ou seja, que não estão realizando um investimento que implique risco, é para eles difícil aceitar a descapitalização dos recursos aplicados[201].

---

do valor das cotas do fundo de investimento. O julgamento, contudo, considerou que a instituição deveria ter aplicado a regra anteriormente, mesmo havendo previsão regulatória em sentido contrário, ou seja, mesmo tendo a instituição operado de acordo com o ordenamento administrativo que rege sua atividade, a mesma acabou sendo condenada. Neste sentido: "BANCOS – Administração de fundos de investimento – Relação de consumo – Entendimento consolidado no Supremo Tribunal Federal – FUNDOS DE INVESTIMENTO – Alteração no registro dos títulos e valores mobiliários pela técnica denominada "marcação a mercado" – Ofensa ao direito de informação – As instituições tinha condições técnicas para delimitar os riscos de tal alteração desde 1995, mas preferiram implementar as novas regras de "marcação a mercado" somente a partir de maio de 2002 – Sentença mantida – Apelação não provida" (Tribunal de Justiça do Estado de São Paulo, relator Des. Luis Eduardo Scarabelli).

Em caso, ao nosso ver, também problemático, assim posicionou-se o Egrégio Tribunal de Justiça do Estado de São Paulo, considerando que não seria correto o investidor correr risco e a instituição administradora não. Não foi, contudo, compreendido pelo acórdão que a instituição administradora era prestadora de serviços do fundo e não contraparte na operação. De acordo com o funcionamento dos fundos de investimento quem corre risco é o investidor e não aquele que viabiliza a participação do investidor no mercado de capitais, via aquisição de cotas de fundo de investimento. Nestes termos: "Relação de consumo – Responsabilidade do Banco em manter o valor aplicado intacto – Impossibilidade de manutenção de cláusula adesiva onde apenas o consumidor corra risco – Falsa publicidade de ganho seguro de rendimentos – Boa-fé e transparências desrespeitadas – Cláusula leonina anulada – Devolução do valor aplicado. Recurso provido em parte" (Tribunal de Justiça do Estado de São Paulo – Relatora Des. Maria Goretti Farias, 24ª Câmara de Direito Privado) No caso a instituição administradora de fato poderia até vir a ser condenada se falsamente veiculou informação ou publicidade dando conta da isenção de riscos do fundo, mas não por não ter corrido risco correlato àquele em que incorreu o investidor.

[201] No consenso popular, os investimentos de risco consistiam apenas naqueles entabulados nas bolsas de valores, o processo de escolha das demais aplicações se resumia em conseguir boas taxas com o gerente do banco.

Essa linha de raciocínio prevaleceu, e ainda prevalece, primordialmente para as aplicações realizadas em fundos de renda fixa, pois, como o próprio nome diz, a renda seria "fixa", não sujeita a oscilações, muito menos negativas.

De certo modo, a formação equivocada da noção de investimento em "fundos isentos de risco" ocorreu, pois o próprio mercado – ou pelo menos a maioria das instituições que o integram – durante muito tempo realizou, evidentemente de forma não vedada (pois lastreada em base regulatória), a contabilização do valor da cota dos fundos de investimento pela "curva do papel", ao invés de realizar a "marcação a mercado", prevista posteriormente pela Instrução CVM nº 305/99[202].

A marcação a mercado, tomando como paradigma os fundos de renda fixa, "considera nos seus cálculos o valor efetivo do título no dia, de acordo com a média dos negócios realizados com títulos similares. Esta regra é a mais realista, em termos de indicar de fato quanto o título vale. Este tipo de marcação, portanto, implica que o valor da cota pode subir ou cair, dependendo do movimento dos juros. Quando os juros sobem, o valor dos títulos cai, provocando uma perda imediata no valor da cota"[203]. O que se explica, vez que os fundos de renda fixa têm sua posição inicial "travada" em relação a uma taxa de juros pré-determinada, de forma que se a taxa de juros futuros oscila positivamente, o título premiado com o juro menor que aquele projetado tende a desvalorizar, com impacto direto no valor da cota.

Já o registro contábil do valor da cota pela curva do papel "considera o valor de compra do título mais a incorporação diária dos juros, proporcional ao tempo em que o título já caminhou desde a sua emissão. Este tipo de marcação, portanto, não implica perdas, mesmo que o título perca valor de mercado, desde que ele não seja vendido. Como o cálculo sempre considera o valor de compra mais juro, a rentabilidade é sempre positiva"[204], gerando a falsa noção de que o investimento realizado é isento de risco.

---

[202] Pela redação da então Instrução CVM nº 305/99 "considera-se preço de mercado o valor que se pode obter com a negociação do título em um mercado ativo, em que comprador e vendedor sejam independentes, sem que corresponda a uma transação compulsória ou decorrente de um processo de liquidação".

[203] CVM muda regras dos fundos de investimento. O Estado de São Paulo, São Paulo, edição de 14 de agosto de 2002.

[204] Idem.

Com a adoção da marcação a preços de mercado, inúmeros fundos perceberam buscas e imediatas oscilações no valor de suas cotas, gerando ao público poupador a impressão de má administração dos recursos, chegando alguns investidores a especular sobre a apropriação de recursos pelas instituições administradoras. O que de fato ficou evidente é que muitos investidores sequer possuíam a noção da sistemática de formação do valor das cotas do fundo em que ingressara. O senso comum, como dito, é de que o investimento teria a característica pura e simples de capitalização dos recursos aportados mediante a aplicação de um rendimento pré-determinado pelo administrador, e não que o investimento estaria sujeito às oscilações de mercado.

A partir deste episódio constatou-se a adoção de maiores cuidados por parte dos administradores e gestores, especialmente na transparência de informações, no fornecimento diário do valor da cota de cada fundo, do valor atual dos recursos investidos, da rentabilidade obtida, na efetiva entrega dos regulamentos e prospectos, e na especialização dos prepostos encarregados da captação de investidores. Dita mudança operacional precisava operar primordialmente para os fundos em que o administrador se encontra ligado a bancos comerciais de grande porte, cujo público poupador encontra-se massificado e cuja rede de agências está de tal modo disseminada que a prestação de informações idôneas ao investidor, destacadamente para os não qualificados, teve de ser aprimorada.

O que se apreende destes fatos é que foi criada por muitos, com base em premissas equivocadas e por insuficiência de informação, a falsa imagem de que o administrador e o gestor comercializavam investimentos "isentos de risco", que a sua atuação garantiria a manutenção da rentabilidade informada, e que a regressão dos rendimentos somente poderia dar-se por má atuação ou dolo daquele que teria vendido o produto sem risco.

Ocorre que, ao contrário dessas colocações, a obrigação contratual assumida pelo administrador e pelo gestor de fundos de investimentos é unicamente de meio, pelo que este se compromete a envidar os melhores esforços, conhecimentos e experiência adquirida, na busca dos melhores resultados para o fundo, sem, contudo, o que lhe é inclusive vedado, obrigar-se a necessariamente alcançar determinado resultado. De sorte que, a procura pelos melhores rendimentos, atrelada ao nível de exposição aos riscos delimitados pelo regulamento do fundo, não implica assunção pelo administrador do dever de impedir o resultado negativo, visto que, como expusemos, a rentabilidade não se encontra garantida pelo mesmo, muito menos eventuais resultados financeiros negativos.

Pensando por essa vertente, não é por demais deduzir que o administrador e o gestor, após ter fornecido o regulamento do fundo ao investidor, cientificando-o das condições do investimento – de que as cotas integralizadas seguirão a valor de mercado, estando inexoravelmente sujeitas às respectivas oscilações e aos riscos peculiares ao investimento – passam, a bem da verdade, a representar a vontade do cotista que neles confiou a gestão de seus recursos, de acordo com o regulamento recebido.

Passando o administrador e o gestor a representar a vontade do cotista, de acordo com o regulamento do fundo, parece-nos evidente que o seu dever está cingido aos atos de gestão da carteira na modalidade escolhida pelo investidor e por mais ninguém (sem prejuízo dos deveres de *compliance* de segregação dos recursos, de total transparência, do fornecimento de informações, etc.).

Desse modo, ainda que se pondere que a atividade normalmente desempenhada pelo administrador e pelo gestor envolve risco, o risco em questão, abstraindo os riscos operacionais, não é manipulável e nem assumido pelo mesmo. Não é manipulável na medida em que se encontra diretamente relacionado a condições de mercado, nem é assumido, pois a eleição da opção de investimento não é por ele exercida, mas pelo investidor.[205]

Em assim se sucedendo, há de ser considerada contrária à boa-fé objetiva e à ética que devem presidir as relações privadas – para o que nos socorremos novamente da interpretação sistemática da questão – a atitude do investidor que, após estar ciente das condições do investi-

---

[205] Com ponderação equivalente Sheila Perricone prega que "(...) não há que falar em culpa no caso de depreciação dos ativos da carteira de um fundo de investimento que resultar, eventualmente, em patrimônio líquido negativo, fato este decorrente das oscilações destes ativos no mercado financeiro e de capitais. Trata-se de risco de mercado que os investidores em fundos de investimento se declaram cientes ao ingressar em tais fundos, inclusive que poderão ser chamados a aportar recursos adicionais em ocorrendo patrimônio líquido negativo, aliás, conforme determinam as já mencionadas normas dos órgãos reguladores" (ob. cit. p. 96).

mento que ele escolheu, pretende, ainda assim, imputar ao administrador escorreito a responsabilidade por eventual prejuízo decorrente da depreciação dos ativos do fundo em que investiu.

Nessa linha de raciocínio, é relevante a colaboração prestada por Glauber Moreno Talavera, ao definir que: "O que se subtrai e extirpa terminantemente qualquer resquício de possibilidade de que os fundos estejam sob o efeito regulatório do parágrafo único do art. 927 é que, apesar de a atividade desenvolvida pelos administradores de fundos de investimentos ser atividade normalmente de risco, os riscos são manifestos e os investidores subscrevem termos de responsabilidade, no qual manifestam ciência irrestrita das possibilidades de perda de capital e, ainda, de eventual necessidade de aporte de capital em casos extremos de perda, que podem acontecer". E arremata: "O administrador não é responsável pelas perdas se o grau de risco estiver expressamente contido no compromisso firmado no regulamento do fundo e formalizado nas suas cláusulas gerais. O administrador torna-se responsável pelas perdas apenas nos casos específicos em que ficar comprovado que promoveu operação cuja realização não estava de antemão prevista e, ainda, se o risco da aplicação tiver sido majorado devida a essa operação. Ademais, a responsabilidade do administrador pode, também, ficar configurada se este não seguir as normas de *compliance* a que está submetido"[206].

Outro fator que deve ser frisado é que o risco correlato ao investimento em fundos não é daqueles cujo suporte representa um ônus maior do que aos demais membros da coletividade, ou melhor, o risco *no caso* é o mesmo para qualquer um que realize o investimento, não havendo a criação de situações especiais e anormais de risco (v.g. das atividades nucleares, transporte de valores).

Ademais, como já destacado, a doutrina, ainda que com manifestações isoladas, tem ponderado que só é de se admitir a responsabilidade civil objetiva quando aquele que desenvolve uma atividade que envolve risco o fizer sem adotar as cautelas normais exigidas para aquela atividade, aumentando a possibilidade de eventos danosos[207], o que, em tese,

---

[206] in *Art. 957 do novo Código Civil e os fundos de investimento: Justiça retórica, responsabilidade forjada.* Artigo obtido no site Jus Navigandi, disponível em www1 .jus.com.br/doutrina/texto. asp?id=4021.

[207] O que parece haver sido reconhecido em caso analisado pelo Egrégio Tribunal de Justiça do Estado de São Paulo, nestes termos: "RESPONSABILIDADE CIVIL – Perdas de capi-

retoma o conceito da culpa por omissão, abordada em outra parte desta obra[208]. Nesse caso, entendemos que os administradores e gestores de fundos estão obrigados a inúmeros deveres voltados ao controle do desenvolvimento profícuo de suas atividades, não atuando como elementos de majoração do risco inerente ao investimento nos mercados financeiros e de capitais. Se o fizerem, estarão, de certo, sujeitos à respectiva sanção, ao nosso ver de cunho estritamente subjetivo, pautada na regra geral da repressão ao agir irregular.

Também já foi enfocado aqui que a criação da teoria da responsabilidade objetiva teve sua gênese baseada na necessidade de viabilização de pleitos indenizatórios em situações que, dadas as peculiaridades, a teoria subjetiva não teria presteza, ou mesmo implicaria a imposição desnecessária do fardo probatório ao ente lesado, deixando, muitas vezes, a vítima sem uma resposta estatal eficiente. No caso dos fundos de investimento, os cotistas poderão ter seus pleitos atendidos valendo-se da responsabilidade clássica, visto ser viável da comprovação da culpa e do dolo, a partir da constatação judicial de que o administrador deixou de agir como deveria. Em sendo o caso, poderá inclusive pleitear, demonstrada a sua pertinência, a inversão do ônus da prova como regra de julgamento, podendo o administrador demonstrar ou não a regularidade

---

tal aplicado em fundos de investimento geridos pela apelada – Investidores que não atuam profissionalmente no mercado financeiro – Aplicabilidade do Código de Defesa do Consumidor reconhecida – Perdas nada obstante, que por si só não bastam a gerar direito a indenização – Hipótese, entretanto, em que há verossimilhança da alegação de que houve gestão ruinosa, cabendo ao fornecedor a prova de que tendo prestado o serviço o defeito inexiste – Art. 14 do Código de Defesa do Consumidor – Responsabilidade da instituição financeira reconhecida – Recurso provido" (Apelação nº 9142386-90.2006.8.26.0000, 11ª Câmara de Direito Privado, Rel. Desembargador Eduardo Sá Pinto Sandeville)

Em caso semelhante o Colendo Superior Tribunal de Justiça também considerou culposa a conduta da instituição administradora de fundo de investimento que adquiriu instrumentos derivativos, assim ponderando: "RECURSO ESPECIAL. CONSUMIDOR. RESPONSABILIDADE CIVIL ADMINISTRADOR E GESTOR DE FUNDO DE INVESTIMENTO DERIVATIVO. DESVALORIZAÇÃO DO REAL. PREJUÍZO DO CONSUMIDOR. RECONHECIMENTO PELA CORTE DE ORIGEM COM BASE EM PROVA TÉCNICA DA AUSÊNCIA DE INFORMAÇÃO AOS CONSUMIDORES DOS RISCOS INERENTES À APLICAÇÃO FINANCEIRA. SÚMULA 7/STJ. RECURSO NÃO CONHECIDO" (REsp. 777.452/RJ nº 2003/0177169-4, Quarta Turma, Rel. Min. Raul Araújo, aos 19/02/2013).

[208] QUINTANA, Luciana Henández. (ob. cit, p. 28-29).

da sua atuação, ou mesmo convocar a participação da CVM para os devidos esclarecimentos no processo.

Não se deve ignorar, outrossim, que a responsabilidade objetiva tem aplicabilidade justificável para aquelas atividades em que o explorador desfruta de condições de levar a cabo o seu empreendimento, ainda que seja responsável objetivamente por eventuais danos, aceitando, mesmo que tacitamente, tal possibilidade, dado que compatível com o proveito econômico que o respectivo desempenho lhe provém. No caso dos fundos, isto não ocorre, posto que a aplicabilidade da responsabilidade objetiva poderá redundar na necessidade de prestar indenização em qualquer situação em que o lesado sinta-se prejudicado (como, por exemplo, a possibilidade da rentabilidade não alcançar a expectativa do investidor, apresentando regressão, ou pior, o resultado do investimento tornar-se negativo, impondo a necessidade de novo aporte de recursos), o que poderá, dependendo da proporção do evento, implicar na hipótese do prejuízo suplantar a capacidade financeira das instituições administradora e gestora. Nestes casos, sequer tem o administrador e o gestor como socializar e amortizar as perdas decorrentes de eventual indenização em sua remuneração travada no regulamento do fundo (taxas de administração e, se houver, taxa de performance), pelo que é evidente que a sistemática da atividade que desempenha não se coaduna com a possibilidade de ser responsabilizado com base na teoria objetiva. Não nos parece, nesta linha de raciocínio, correto falar que o administrador, ao expor-se ao mercado, e lucrar com tal atividade, tenha aceitado implicitamente a possibilidade de vir a responder objetivamente pelos prejuízos que dele venham reclamar[209].

---

[209] Em linha com o exposto, já posicionou-se o Tribunal de Justiça do Estado de São Paulo, por intermédio do seguinte arresto: INDENIZAÇÃO – Danos material e moral-Aplicação em fundo de investimento financeiro atrelado à variação da cotação do dólar norte-americano – Risco do investimento – Rentabilidade influenciada por diversos fatores – Inexistência de propaganda enganosa e de prova de má-gestão do fundo – Não configuração da responsabilidade objetiva do fornecedor de serviço – Ausência de dever de indenizar – Recurso improvido (Apelação nº 9113190-80.2003.8.26.0000, 20ª Câmara de Direito Privado, rel. Des. Miguel Petroni Neto)
Em caso semelhante o Superior Tribunal de Justiça se manifestou da seguinte forma: "CIVIL E PROCESSUAL. APLICAÇÃO FINANCEIRA EM FUNDO FINANCEIRO. VARIAÇÃO CAMBIAL OCORRIDA EM JANEIRO/1999. CONSEQÜÊNCIAS SOBRE INVESTIMENTOS. QUEDA DO VALOR DAS COTAS. TRANSAÇÃO CELEBRADA ENTRE AS PAR-

Concluímos então, ponderados os itens que interferem e interagem no debate levantado, que a natureza da responsabilidade civil dos administradores e gestores de fundos de investimento, continua sendo subjetiva, razão pela qual estes não podem ser demandados a menos que tenham agido ilicitamente em razão de conduta culposa ou dolosa.

Pensar o contrário compreenderia alargar indevidamente a incidência da responsabilidade objetiva para toda situação e atividade que se possa imaginar estar sujeita a qualquer risco, ligado ou não ao agir daquele que a desenvolve, o que de certo não se confunde com a razão legal que permeou a construção da norma veiculada pelo artigo 927, e seu parágrafo único, do Código Civil em vigor.[210]

Sob o prisma jurídico-econômico, a possibilidade de se atribuir responsabilidade objetiva aos administradores de fundos de investimento, além de implicar o desmantelamento da indústria dos fundos, o que obviamente não corresponde à intelecção oriunda da correta exegese da sistemática civil vigente – qual seja a de emperrar, via responsabilidade civil objetiva, o desenvolvimento de atividades econômicas relevantes – produz efeitos funestos para os próprios poupadores, que terão reduzidas as possibilidades de empregar rentabilidade às suas economias, para a mobilidade da poupança nacional, como também para a própria higidez do sistema financeiro nacional, dado que qualquer evento prejudicial aos interesses de terceiros às instituições administradora e gestora do fundo (no que enxergamos claramente a hipótese de queda nos rendimentos de um fundo, gerando patrimônio líquido negativo), poderá implicar desencaixes de capital, em certo casos por demais elevados, sem que, de outra banda, possa a instituição precaver-se de modo a evitar tal ocorrência, visto que não controla, e nem poderia controlar, o fator aleatório que impregna a formação dos preços de mercado.

TES. VALIDADE. AÇÃO QUE POSTULA DIFERENÇAS. IMPROCEDÊNCIA. CC. ARTS. 1.025 E 1.030. LEI nº 8.078/90. DISPOSIÇÕES CONSUMERISTAS NÃO VIOLADAS" (AgRg. no Ag 505239/RJ nº 2003/002945-0, Quarta Turma, Rel. Min. Aldir Passarinho)

[210] Proveitoso o registro do Professor Newton De Lucca sobre o assunto, em que o mesmo se indagou: "Mas, em tal caso, fico me perguntando se a teoria da responsabilidade objetiva, no afã de coibir os descalabros do passado, não terá se transformado num "frankstein jurídico", onde não se teria mais nenhum controle sobre ela. Assim concebida, afinal, estaríamos diante de uma teoria ou diante de uma teratologia jurídica?" (Responsabilidade Civil dos Administradores das Instituições Financeiras. São Paulo, Revista de Direito Mercantil nº 67, p. 37)

Registre-se ademais que, no que alude ao debate da responsabilidade do diretor ou sócio-gerente indicado pelo administrador para responder civil e criminalmente pela gestão do fundo, tem-se compreendido da mesma forma que a sua responsabilidade civil é subjetiva, sendo, no entanto, presumida a sua culpabilidade, presunção esta relativa, de modo a admitir prova em sentido contrário, que elida o dever de indenizar. Pondera-se pela culpa presumida, dado que tal pessoa poderia no mínimo ter buscado evitar o evento danoso que atingiu o fundo de investimento, podendo, no entanto, defender-se demonstrando a regularidade da sua conduta consistente na procura da defesa dos interesses do fundo.

Na mesma vertente, quanto à relação entre os administradores e os terceiros contratados para a execução de serviços para o fundo, compreendemos pela manutenção da responsabilidade subjetiva, comportando, entretanto, solidariedade entre estes. Assim, configurada a culpa dos terceiros no exercício da atividade contratada, emergirá a responsabilidade solidária dos administradores, que elegeram o terceiro como apto, podendo, nesta hipótese, o administrador também ter seu patrimônio atingido pelos danos causados, dai a importância das políticas de *Compliance* para a administração e gestão de fundos de investimentos.

Conclusão

Procuramos ao longo deste livro estudar tanto a organização criada pela Lei nº 10.406, de 10 de janeiro de 2002, para as hipóteses de responsabilização civil, como detalhar o ambiente normativo que envolve a indústria dos fundos de investimento, com atenção especial à responsabilidade de seus administradores e gestores, de modo que ao final fosse possível atingir nosso objetivo principal, definindo qual seria, ao nosso ver, a natureza da responsabilidade civil dos administradores e gestores de fundos de investimento.

Como método de trabalho, em uma primeira parte foi abordado o delineamento civil da questão, adentrando-se após na análise dos fundos à luz do direito dos mercados financeiro e de capitais. Tal qual já havia sido exposto na introdução, sentimos a necessidade de discutir a questão analisando os sistemas jurídicos a que se submetem, evitando ao máximo transbordar o debate para questionamentos sem conexão com a problemática estudada.

Com vistas a entrelaçar as ideias trabalhadas, relacionamos nesta conclusão os seguintes pontos, que resumem a compreensão por nós desenvolvida acerca de cada um dos tópicos que procuramos explorar:

O Novo Código Civil adotou como princípios basilares para a interpretação de seus dispositivos e, por via de consequência, das questões que possam ser tuteladas a partir da sua vigência, a prioridade dos interesses coletivos em relação aos interesses individuais, a necessária obediência à boa-fé objetiva, o comportamento moral e ético nas relações privadas, buscando sempre o atendimento de uma determinada função social, relacionada indissociavelmente à incidência de seus dispositivos.

A aplicação destes princípios não tem, por evidente, o condão de desvirtuar a correta compreensão dos dispositivos do Código, de modo que se possa advogar a desnecessidade do cumprimento de contratos, de respeito à propriedade, a tutela em suma de reclamos que não encontram guarida na própria sistemática civil vigente.

Servem como direcionamento dos comandos normativos civis, tangenciando a sua interpretação sem, entretanto, implicar na negativa de direitos e obrigações validamente constituídas. Imaginar-se o contrário seria defender a existência de contradição interna no ordenamento civil criado.

O Novo Código Civil não implicou no rompimento radical com o sistema de responsabilização construído pelo Código de 1916. Não é possível, contudo, ignorar as relevantes mudanças trazidas pela nova legislação, principalmente as que, na nossa compreensão, merecem maior destaque, que são a possibilidade da responsabilização civil objetiva nas atividades perigosas ou de risco, e a responsabilização civil derivada do exercício abusivo de um direito.

A justificativa, a noção e a função da responsabilidade civil repousam no seguinte raciocínio: Ao nos relacionar em sociedade, possuímos um *dever primário* de respeito ao Direito Positivado, e um *dever secundário* ou *sucessivo* consistente na obrigação de indenizar o prejuízo decorrente do desrespeito daquele *dever primário*. É essa a estrutura jurídica que, em tese, permite o convívio salutar dentro de uma sociedade tida como organizada, e que procura contemplar, dentro de um senso comum de Justiça, os reclamos das vítimas de situações indesejadas e com potencial de geração de prejuízos materiais, sociais ou mesmo não patrimoniais, gerando não só a expectativa de responsabilização por danos que venham a ser experimentados, como também a segurança jurídica necessária ao desenvolvimento de todas as atividades, dada a credibilidade de que o desrespeito à lei, ou mesmo a uma convenção, será objeto da respectiva reprimenda legal.

A expectativa de responsabilização também serve para educar a vontade dos agentes, fazendo-os refletir antes de atuar, dado que o agir indevido poderá implicar na necessidade de seu sacrifício patrimonial.

CONCLUSÃO

O surgimento do dever de indenizar encontra-se ligado, em regra, à prática de um ato ilícito – no que se incluem os atos praticados com abuso de direito – que cause danos, aos quais estejam diretamente relacionados. Nesse tema, a prova de que a situação danosa de fato ocorreu é elemento fundamental ao surgimento do dever de indenizar, admitindo-se em dita regra certa parcimônia no que tange à tutela de danos morais. Da mesma sorte, somente demonstrado o nexo eficiente de causalidade entre o agir desconforme e o dano proporcionado é que emergirá o dever de indenizar.

A responsabilidade civil admite dois regimes, um que vige como regra, denominado de responsabilidade *subjetiva*, e outro excepcional, conhecido como da responsabilidade *objetiva*.

A responsabilidade subjetiva funda-se na necessidade de recomposição material ou moral daquele que restou ofendido pelo agir ilícito, sem perder de vista a sua função de reprovação de um comportamento irregular, consistente no exercício de uma ação ou omissão culposa ou dolosa. Na sistemática *subjetiva*, a aprovação ou reprovação do comportamento do agente é primordial, de forma que o dever de indenizar somente surgirá se comprovada restar a irregularidade da sua conduta.

Dada a amplitude dos princípios informadores do Novo Código Civil, a responsabilidade subjetiva, no nosso modo de pensar, ampliou-se, prestando-se à criação e à cobrança da adoção de padrões comportamentais voltados para uma conduta ética, imbuída de boa-fé, socialmente correta, que não implique abuso de direito, que esteja dotada de perícia, que seja devidamente aprimorada, cercada de prudência – enfim, mais exímia e cautelosa, a ser fielmente seguida por parte dos integrantes da sociedade brasileira.

O surgimento da responsabilidade objetiva encontra-se ligado ao desenvolvimento industrial, econômico, tecnológico e à correlata incorporação de novos hábitos pela sociedade, que redundou na criação de hipóteses até então desconhecidas de eventos danosos, para as quais o regime da responsabilidade subjetiva não mais admitia presteza, visto que a constante imposição do ônus probatório à vítima acabava tolhendo a possibilidade de êxito na obtenção da indenização.

O argumento principal para a adoção da responsabilidade objetiva encontra seu fundamento na teoria do risco criado, segundo a qual aquele que se dispõe a explorar uma atividade potencialmente geradora de riscos para terceiros, aceita o encargo de responder, independentemente da sua culpabilidade, pelos danos gerados. Nesses casos, tem-se que, dado o jaez da atividade em questão, não haveria por que exigir-se do lesado, inclusive em face da dificuldade probatória a ser imposta ao mesmo, que comprove o agir irregular do agente. Como a atividade é em si perigosa, é daquelas por demais arriscadas, justifica-se, em caso de dano, responsabilizar o seu explorador de forma objetiva, mesmo porque esteve ciente de tal eventualidade ao assumir o desempenho daquela atividade (v.g. das atividades nucleares, de transporte de cargas e de valores).

Não teve a gênese da responsabilidade objetiva como móvel a repressão de condutas indevidas, mas sim a viabilidade de indenização por vítimas não tuteladas pela responsabilidade subjetiva, mas que devem ser indenizadas, por causa do caráter potencialmente lesivo, em razão do risco envolvido, da atividade desempenhada.

Se de um lado a responsabilidade subjetiva busca indenizar o lesado e educar a vontade do agente, para que reflita e, no futuro, se porte de maneira condizente, de outro, a responsabilidade objetiva volta-se mais à vítima, pautada que está na necessidade de indeniza-la em situações especiais, no caso do Código Civil, "quando a atividade normalmente desenvolvida pelo autor do dano implicar, por sua natureza, risco para os direitos de outrem" (parágrafo único do art. 927).

Compreendemos, contudo, que nem toda atividade que normalmente desenvolvida implica risco para os direitos de outrem, dá lugar à responsabilidade objetiva. Se defendermos o contrário, a responsabilidade objetiva tornar-se-á regra – ponderando que toda atividade embute em si algum grau de risco –, não havendo razão de ser para a manutenção da responsabilidade subjetiva. De sorte que, somente em situações de risco considerável, incomum, insuportável, e imprevisto é que teria lugar a responsabilidade objetiva.

O Direito dos mercados financeiro e de capitais tem sua aplicação e interpretação regidas por princípios que encontram no artigo 192 da Constituição Federal seu fundamento primordial de validade. São eles: (i) princípio da proteção da mobilização da poupança nacional; (ii) princípio da proteção da economia popular; (iii) princípio da proteção da estabilidade da entidade financeira; (iv) princípio da proteção do sigilo bancário; e (v) princípio da proteção da transparência de informações.

CONCLUSÃO

Os fundos de investimentos podem ser conceituados como uma comunhão de recursos aportados – por meio da aquisição de quotas de participação – por investidores que, reunidos, almejam obter rendimentos sobre o capital investido, mediante a realização, pela gestão do fundo, de operações com ativos financeiros, títulos e valores mobiliários, as quais se concretizam no âmbito dos mercados financeiros, de capitais e de valores mobiliários. Os fundos de investimento também podem ser conceituados como uma estrutura receptora de capital, destinada a realização de empreendimentos, mediante planejamento tributário eficiente e segregação patrimonial, apta a obter financiamento mediante acesso a recursos dos mercados financeiro e de capitais.

A despeito da regulamentação referir-se aos fundos de investimento enquanto condomínios, sua conformação jurídica lhe confere uma natureza mais próxima à de uma estrutura societária por intermédio da qual os investidores admitem um administrador – investido na capacidade de adquirir e transmitir direitos ao fundo, bem como de representá-lo –, que passa, por intermédio de seu gestor, a realizar operações nos mercados financeiro e de capitais, obrigando-se, de acordo com as especificações constantes do regulamento do fundo e das normas regentes da sua atividade, a envidar os melhores esforços para obter a maior rentabilidade possível ao capital investido, dentro do perfil de exposição aos possíveis elementos de risco.

A atual organização regulatória dos fundos de investimento destaca a Comissão de Valores Mobiliários como organismo principal de coordenação e supervisão do setor. Essa estrutura prevê uma série de obrigações a serem cumpridas pelos administradores e gestores de fundos de investimento, destacando-se aquelas que se voltam à defesa dos interesses do público investidor.

Como a relação existente entre os investidores e os administradores e gestores de fundos encontra-se pauta-se pela estrita confiança com que os primeiros outorgam o cuidado de suas economias aos segundos, que com essas operarão no mercado, impõe-se, como correlato, aos administradores e gestores, o dever de agir da forma mais transparente possível para com os investidores.

O dever de transparência remete aos administradores a obrigação de revelar aos investidores todo o conhecimento necessário para que a decisão de adesão ou de retirada de determinado fundo possa se adequar ao perfil de investimento procurado pelo poupador.

A necessidade de transparência na administração dos fundos de investimento impõe aos administradores a segregação da administração de recursos de terceiros das demais atividades da instituição (política denominada de *Chinese Wall*), e a implementação de rígidos controles internos, por intermédio de políticas de *Compliance*.

A descrição da política de investimentos é elemento fundamental do regulamento, e, em não se tratando de investidor qualificado, da lâmina dos fundos de investimentos abertos. Por intermédio da política de investimentos o administrador e o gestor do fundo revelam aos investidores e aos organismos reguladores como serão alocados os recursos aportados pelos cotistas, ou melhor, quais as aplicações nos mercados financeiro, de capitais e de futuros que comporão a carteira criada, observados os limites regulamentares, de forma a permitir a conhecimento da classificação do fundo em questão. Permitindo o conhecimento da classificação do fundo, fica transparente aos investidores o grau do risco a ser experimentado, caso o investidor opte pela integralização de cotas daquele fundo.

Os principais riscos que podem afetar o preço dos ativos da carteira que compõe um fundo de investimentos classificam-se em: (i) risco de crédito; (ii) risco de mercado; (iii) risco de liquidez; (iv) risco operacional; (v) risco legal; outros, como o risco político; risco de força maior; riscos "fora do balanço"; risco inerente a utilização de estratégias com instrumentos derivativos; e risco de concentração de emissor ou setor.

Somente por meio da interpretação sistemática, que aborde a responsabilização civil dos administradores e gestores de fundos de investimento com a atenção focada no contexto normativo que envolve o novo ordenamento civil vigente, e também nas normas e princípios que regem as atividades dos fundos, é que se pode alcançar uma formulação idônea acerca da natureza de tal responsabilidade.

Nesse passo, os sistemas jurídicos da responsabilidade civil e da regulamentação dos fundos de investimento não possuem princípios informadores com características antagônicas, o que facilita a interpretação sistemática da questão.

Ponderadas as responsabilidades impostas aos administradores e gestores de fundos de investimentos, extraímos que a regulamentação

CONCLUSÃO

setorial não dispõe a responsabilidade objetiva destes. Inversamente, impõe normas de conduta cuja desobediência poderá implicar responsabilização. Ou seja, é preciso que administrador ou gestor desrespeitem, por culpa ou dolo, as obrigações que lhe são impostas para que passe a responder para com os cotistas, perante o mercado, ou mesmo em relação sociedade. Não há assim norma especial determinando a aplicação da responsabilidade objetiva.

A obrigação contratada com o administrador e o gestor é unicamente de meio, pelo que este se compromete a envidar os melhores esforços conhecimentos e experiência adquirida, na busca dos melhores resultados para o fundo, sem, contudo (o que lhe é inclusive vedado), obrigar-se a necessariamente alcançar determinado resultado. De sorte que a rentabilidade não se encontra garantidas pelos mesmos, muito menos eventuais resultados financeiros negativos.

Ainda que se pondere que a atividade normalmente desempenhada pelos administradores e gestores de fundos de investimento envolve risco, este não é manipulável e nem assumido por aqueles. O risco não é manipulável na medida em que se encontra diretamente relacionado a condições de mercado, nem é assumido porque a eleição da opção de investimento não é por eles exercida e, sim, pelo investidor, aquele que efetivamente se dispõe a suportar o risco correlato ao retorno do investimento realizado.

Considera-se contrário à boa-fé objetiva e à ética que devem presidir as relações privadas a atitude do investidor que, após estar ciente das condições do investimento que ele escolheu, pretende, ainda assim, imputar ao administrador e gestor escorreitos – consoante o emaranhado normativo que rege a sua conduta – a responsabilidade por eventual prejuízo decorrente da depreciação dos ativos do fundo em que investiu.

O risco correlato ao investimento em fundos não é daqueles, cujo suporte representa um ônus maior do que aos demais membros da coletividade, pois o risco é o mesmo para qualquer um que realize o investimento, não havendo a criação de situações especiais e anormais de risco.

Existe entendimento doutrinário devidamente fundamentado, de que só é de se admitir a responsabilidade civil objetiva quando aquele que desenvolve uma atividade que envolve risco, o fizer sem adotar as cautelas normais exigidas para aquela atividade, aumentando a possibilidade de eventos danosos, o que não ocorrerá se o exercício da administração e da gestão do fundo se der dentro da regularidade.

A criação da teoria da responsabilidade objetiva teve sua gênese na necessidade de viabilização de pleitos indenizatórios em situações que a teoria subjetiva não teria presteza. No caso dos fundos de investimento, os cotistas poderão ter seus pleitos atendidos valendo-se da responsabilidade clássica, visto ser viável a comprovação da culpa e do dolo, a partir da constatação judicial de que o administrador ou o gestor deixaram de agir como deveriam, o que poderá ocorrer, inclusive, e se for o caso, por intermédio da inversão do ônus da prova.

A responsabilidade objetiva tem aplicabilidade justificável para aquelas atividades em que o explorador desfruta de condições de levar a cabo o seu empreendimento, ainda que seja responsável objetivamente por eventuais danos, aceitando tacitamente essa possibilidade. No caso dos fundos isso não ocorre, posto que a aplicabilidade da responsabilidade objetiva poderá implicar a necessidade de prestar indenização em qualquer situação em que o lesado sinta-se prejudicado. Essa ocorrência, dependendo da proporção do evento, poderá implicar a hipótese de o prejuízo suplantar a capacidade financeira da instituição administradora. Nestes casos, sequer tem o administrador, muito menos o gestor, como socializar as perdas decorrentes de eventual indenização. Sendo evidente que a sistemática da atividade que os administradores e gestores desempenham não se coaduna com a possibilidade de ser responsabilizado com base na teoria objetiva, não é também razoável alegar que o mesmo aceitou a eventualidade de ser responsabilizado de tal forma, antes de expor-se ao mercado.

Sob o prisma jurídico-econômico, a possibilidade de se atribuir responsabilidade objetiva aos administradores e gestores de fundos de investimento, além de implicar o desmantelamento da indústria dos fundos – o que obviamente não corresponde à intelecção oriunda da correta exegese da sistemática civil vigente – produz efeitos funestos para os próprios poupadores, que terão reduzidas as possibilidades de obter rentabilidade para as suas economias, prejudicando a mobilidade da poupança nacional, o desenvolvimento econômico trazido pelos fundos, e, também, para a própria higidez do sistema financeiro nacional. Isso porque qualquer evento prejudicial aos interesses de terceiros e à instituição administradora ou gestora do fundo poderá implicar desen-

CONCLUSÃO

caixes de capital, em certos casos por demais elevados, sem que, de outro lado, possa a instituição precaver-se de modo a evitar tal ocorrência, visto que a mesma não controla – e nem poderia controlar – o fator aleatório que impregna a formação dos preços de mercado.

Analisando sistematicamente cada um dos argumentos expostos nestas Conclusões, temos para nós que a responsabilidade civil dos administradores e gestores de fundos de investimento é de natureza **subjetiva,** uma vez que a teoria da responsabilidade objetiva não encontra amparo em lei ou regulamento administrativo que anteveja a sua incidência ao caso, nem se justifica à luz da correta exegese do disposto pelo parágrafo único do artigo 927 do Código Civil vigente.

Encerramos a segunda edição desta obra com a citação da sentença[211] proferida no processo nº 1106354-04.2015.8.26.0100, em ação de indenização promovida pelo Fundo de Investimento em Direitos Creditórios Trendbank Banco de Fomento – Multisetorial em face das instituições prestadoras de serviços do fundo, sob o argumento de que houve dolo e má gestão na administração, gestão e custódia, com necessidade de atribuição de responsabilidade objetiva ao caso, conforme o relatório reproduzido da r. sentença.

O referido precedente judicial é por nós reproduzido uma vez que soube captar a correta dinâmica de funcionamento de um fundo de investimento, sendo, outrossim, importante precedente judicial limitador da responsabilidade dos prestadores de fundos de investimento, permitindo, destarte, maior segurança aos participantes do mercado.

Segue a sentença:

---

[211] Processo público que tramita perante a 21ª Vara Cível da Comarca da Capital do Estado de São Paulo, processo nº 1106354-04.2015.8.26.0100 sem segredo de justiça, motivo pelo qual reproduzimos a r. sentença proferida pela Exma. Dra. Maria Carolina de Mattos Bertoldo.

TRIBUNAL DE JUSTIÇA DO ESTADO DE SÃO PAULO
COMARCA DE SÃO PAULO
FORO CENTRAL CÍVEL
21ª VARA CÍVEL
PRAÇA JOÃO MENDES S/Nº, São Paulo – SP – CEP 01501-900

SENTENÇA

Processo nº: 1106354-04.2015.8.26.0100

Classe – Assunto Procedimento Comum – Perdas e Danos

Requerente: Fundo de Investimento Em Direitos Creditórios Trendbank Bancode Fomento – Multisetorial

Requerido: Trendbank S/A Banco de Fomento e outros

Juiz(a) de Direito: Dr(a).Maria Carolina de Mattos Bertoldo

Vistos.

1. FUNDO DE INVESTIMENTO EM DIREITOS CREDITÓRIOS TRENDBANK BANCO DE FOMENTO – MULTISETORIAL ("FUNDO"), devidamente qualificado nos autos, representado por sua administradora GRADUAL CORRETORA DE CÂMBIO, TÍTULOS E VALOR IMOBILIÁRIOS S.A., ajuizou a presente ação em face de **TRENDBANK S.A.BANCO DE FOMENTO ("TRENDBANK"), PLANNER CORRETORA DE VALORES S.A. ("PLANNER"), BANCO PETRA S.A. ("PETRA"), BANCO SANTANDER (BRASIL) S.A. ("SANTANDER") e DEUTSCHE BANK S.A.BANCO ALEMÃO ("DEUTSCHE"),** alegando que o corréu TRENDBANK, com a omissão culposa dos demais, montou um esquema criminoso para se apoderar do valor investido no FUNDO autor. Narra que tal fundo é uma comunhão de recursos que destina parcela do patrimônio para a aquisição de direitos creditórios, e que seu objetivo foi desvirtuado pelos réus, posto que inicialmente era um fundo conservador, mas os réus passaram a adquirir "títulos podres, faturas fantasmas e notas frias", originando um rombo na conta, constatado por relatórios que diagnosticaram problemas na formalização de diversos títulos, os quais não

CONCLUSÃO

tinham lastro documental. Imputa a responsabilidade objetiva e solidária aos réus, argumentando, ainda que houve dolo daqueles. Assevera que houve descumprimento do regulamento do fundo e das obrigações assumidas pelos réus. Alega que o fundo passou a ser um meio de enriquecimento dos réus e de empresas ocas. Desse modo, requer indenização pelo alegado golpe que sofreu, a ser apurada em regular liquidação. Juntou documentos.

Devidamente citado, o réu DEUTSCHE BANK S.A. BANCO ALEMÃO apresentou contestação de fls. 947/992 arguindo, em preliminar, ilegitimidade passiva. No mérito, invoca a ocorrência de prescrição. Alega, em linhas gerais, que o Fundo em questão é um investimento de risco e que não cabe ao Custodiante, função exercida pelo Banco de junho de 2007 até outubro de 2012, escolher os créditos que serão adquiridos, tampouco avaliar a qualidade de tais créditos ou dos devedores. Assim, alega que não possuía nenhuma responsabilidade pela escolha ou gestão dos ativos da carteira, tampouco pela legitimidade, autenticidade ou boa circulação dos créditos. Argumenta que as irregularidades apontadas referem-se a período posterior ao encerramento do serviço de custódia prestado. Posto isso, requer a total improcedência da ação. Juntou documentos.

Devidamente citada, a ré PLANNER CORRETORA DEVALORES S.A. apresentou contestação de fls. 1501/1564 arguindo, em preliminar, inépcia da inicial. Impugnou o valor dado à causa. No mérito, alega, em resumo, que o Fundo em questão é um investimento de risco e que, quando assumiu a efetiva administração, em 08.04.2013, a situação do fundo era de aparente normalidade, consoante relatórios de auditorias externas referentes ao período de setembro a dezembro de 2012 e ao primeiro trimestre de 2013, e que tomou as precauções razoáveis para assegurar que os demais prestadores estivessem cumprindo suas funções, tendo, portanto, cumprido com suas obrigações. Entretanto, alega que pouco tempo depois do início de sua administração, relatório de auditoria referente a maio de 2013, apresentado em julho do mesmo ano, identificou indícios de que a aparente normalidade não condizia com a realidade, tendo tomado medidas cabíveis. Nega a existência de conluio ou acobertamento de qualquer prática fraudulenta. Impugna a tese de responsabilidade solidária entre os réus e a existência de danos concretos sofridos pelo autor. Requer a total improcedência da ação. Juntou documentos.

Devidamente citado, o réu BANCO PETRA S.A. apresentou contestação de fls. 2207/2245 arguindo, em preliminar, a ocorrência de prescrição.

No mérito, alega, em síntese, que o Fundo em questão é um investimento de risco, que os investidores são qualificados, distantes de qualquer hipossuficiência, e que o risco a ser considerado é sempre do sacado, já que o cedente garante somente a existência daquele crédito negociado. Impugna a alegação de responsabilidade solidária dos réus. Alega que a análise da documentação do crédito cabe apenas ao Custodiante, feita por amostragem, permanecendo com a Administradora os demais documentos do Fundo. Assim, alega que nunca teve a obrigação de validar o lastro do título e manter a guardada documentação em seu poder, e que, portanto, não cometeu ilícito. Requer a total improcedência da ação. Juntou documentos.

Devidamente citado, o réu TRENDBANK S.A. BANCO DEFOMENTO apresentou contestação de fls. 2476/2542 alegando, em preliminar, prescrição e impugnando o valor da causa. No mérito, alega, em linhas gerais, que o Fundo é um investimento de risco, que não há os requisitos para que os réus sejam responsabilizados pelos alegados danos, posto que não houve imputação específica de fatos, e que não há títulos frios ou vícios. Impugna a responsabilidade solidária alegada pelo autor, e defende a inexistência de provados danos afirmados. Por fim, alega que há culpa exclusiva da vítima, posto que o dano alegado decorre da própria inércia do fundo. Requer a total improcedência da ação. Juntou documentos.

Devidamente citado, o réu BANCO SANTANDER (BRASIL)S.A. apresentou contestação de fls. 3096/3139 arguindo, em preliminar, ilegitimidade passiva. Alega, no mérito, que o Fundo era um investimento de risco, com natureza jurídica de um condomínio de investidores qualificados. Alega, ainda, que o Santander e os demais participantes do Fundo tinham suas atribuições limitadas pelo regulamento, sendo que cumpriu corretamente suas funções, verificando, por amostragem e a posteriori, a regularidade dos documentos e comunicando os defeitos encontrados ao Administrador; defende, ainda, que não existe solidariedade entre os réus. Por fim, requer a denunciação da lide às administradoras do Fundo. Requer, assim, a total improcedência da ação. Juntou documentos.

Houve réplica às fls. 4383/4435.

Como dependente, há incidente de impugnação ao valor da causa (n. 0013266-89.2016.8.26.0100), proposto por **PLANNER CORRETORA DE VALORES S.A.**, o qual foi rejeitado às fls. 33/34. Foram opostos embargos de declaração às fls. 36/38, que tiveram provimento negado às fls. 39.

É o relatório.

Decido.

CONCLUSÃO

2. Compulsando detidamente os autos, verifico que o feito não está em termos para julgamento com relação ao corréu TRENDBANK S.A. BANCO DE FOMENTO, por conta da necessidade de instrução probatória no que se refere à participação e culpa/dolo de tal corréu nos fatos narrados.

Porém, quanto aos corréus, reputo possível a pronta solução da lide, nos moldes a seguir expostos. Assim, por força do artigo 356, II do Código de Processo Civil, passo ao julgamento parcial do mérito.

3. Inicialmente, afasto a preliminar relativa à inépcia da inicial, arguida pela corré PLANNER CORRETORA DE VALORES S/A. Observo que a inicial fora instruída com as informações e documentos necessários para a propositura da lide. O autor narra os fatos que acredita terem levado ao possível rombo no Fundo de Investimento objeto da demanda, embasando, assim, sua pretensão inicial.

Cuidando-se de documentação pertinente à demonstração do prejuízo alegado, não é a mesma essencial à propositura da ação, mas útil à comprovação da tese inicial, podendo, portanto, tal prova ser produzida durante regular instrução.

A admissibilidade da inicial não está adstrita à juntada de prova por ocasião do ajuizamento da ação, porque a lei não exige e porque é facultado ao autor provar o alegado por meio de todas as provas admitidas no direito.

Rejeito, pois, a preliminar arguida.

As demais questões dizem respeito ao mérito e serão abordadas oportunamente.

4. Prosseguindo, afasto a preliminar de ilegitimidade passiva arguida pelos corréus DEUTSCHE BANK S.A. BANCO ALEMÃO e BANCO SANTANDER (BRASIL) S/A.

Tendo afirmado, o autor, que os corréus têm responsabilidade pelo suposto rombo existente do Fundo, esses possuem legitimidade para figurarem no polo passivo da presente demanda, não se olvidando que as condições da ação devem ser analisadas abstratamente, à luz da tese esposa da na inicial.

Nesse sentido: "As condições da ação se aferem pelo que a inicial contém, abstraída a razão do pedido" (Apelação nº 0249963-81.2009.8.26.0000, Câmara Reservada ao Meio Ambiente do Tribunal de Justiça de São Paulo, rel. TORRES DE CARVALHO, j. 2 de junho de 2011)

5. Melhor sorte não assiste ao corréu BANCO SANTANDER (BRASIL) S.A. no que se refere ao pedido de denunciação da lide, o qual também não merece prosperar, uma vez que a situação versada nos autos não se enquadra nas hipóteses previstas no art. 125, II do Código de Processo Civil (sucessor do art. 70, III do Código de Processo Civil de 1973).

De fato, da análise da contestação conclui-se que o réu pretende imputar às administradoras Petra e Planner a responsabilidade pelos fatos narrados na inicial. Noto que a expressão "isentar" de responsabilidade, constante das cláusulas contratuais invocadas, não tem o significado de ressarcimento regressivo, mas de afastamento de responsabilidade do Banco Custodiante pelas instruções dadas pelas Administradoras.

Portanto, pretende o réu, em verdade, transferir a responsabilidade pelos danos afirmados pelo autor às referidas empresas, o que não é possível através da pretendida intervenção de terceiros.

Nesse sentido:

"Se o denunciante tenta eximir-se da responsabilidade pelo evento danoso, atribuindo-a com exclusividade a terceiro, não há como dizer-se situada a espécie na esfera de influência do art. 70, III, do CPC, de modo a admitir-se a denunciação da lide, por isso que, em tal hipótese, não se divisa o direito de regresso, decorrente de lei ou contrato" (RSTJ 53/301)

Ademais, a pretendida denunciação poderia acarretar a instauração, nestes autos, de discussão acerca do contrato celebrado entre o réu e a referidas Administradoras, circunstância que impede seu acolhimento:

"A denunciação da lide só deve ser admitida quando o denunciado esteja obrigado, por força da lei ou do contrato, a garantir o resultado da demanda, caso o denunciante resulte vencido, **vedada a intromissão de fundamento novo não constante da ação originária**" (RSTJ 142/346). (grifei)

6. Aponto, ainda, que a questão acerca do valor da causa fora decidida em incidente dependente (n. 0013266-89.2016.8.26.0100), proposto por PLANNER CORRETORA DE VALORES S.A., o qual fora rejeitado, em decisão que ora ratifico, mantendo, pois, o valor inicialmente atribuído à causa.

7. Afasto, por fim, a preliminar relativa à prescrição arguida.

Observo que a prescrição é consequência da inércia do titular do direito, e que, portanto, só é considerada a partir da ciência dos fatos lesivos, quando começa a correr o prazo prescricional.

CONCLUSÃO

Nos ensinamentos de Nestor Duarte:

"Para que se configure a prescrição são necessários: a) a existência de um direito exercitável; b) a violação desse direito (actio nata); c) **a ciência da violação do direito**; d) a inércia do titular do direito; e) o decurso do prazo previsto em lei; e f) a ausência de causa interruptiva, impeditiva ou suspensiva" (grifo nosso). (Código Civil Comentado, 4ª edição, 2010, Editora Manoele Coordenador: Ministro Cezar Peluso)

Desse modo, é necessário que se constate o termo inicial da prescrição, ou seja, o momento no qual o autor teve ciência da violação do direito.

Segundo narra a inicial, o primeiro documento que comprova a ciência do autor quanto a possível problema na situação do Fundo é o relatório da agência Austin, o qual foi apresentado ao autor em 07/05/2013 (fls. 14, item 51). Tal relatório mostrou, de acordo com o próprio autor, que o desempenho do Fundo no período de abril de 2012 a março de 2013 havia sido irregular.

Desse modo, mesmo considerando o prazo de prescrição trienal alegado pelo corréu, o direito do autor não se encontra prescrito, posto que a ação fora ajuizada em 16/10/2015, pouco mais de dois anos e cinco meses após o recebimento do relatório, e, portanto, do conhecimento de possível violação de seu direito.

Destarte, afasto a preliminar de prescrição arguida.

8. Passo, pois, ao julgamento do mérito.

Cuida-se de ação na qual o autor, um Fundo de Investimento, visa receber indenização pelo "golpe" que alega ter sofrido, referente ao que, deacordo com o mesmo, denomina de esquema criminoso montado pelos corréus para se apoderarem dos mais de 400 milhões de reais investidos.

A relação jurídica existente entre as partes está devidamente comprovada pelos documentos que acompanham a inicial, não sendo, ainda, impugnada pelos corréus.

Nesse momento, faço algumas considerações acerca das características do Fundo objeto da ação. Para tal, peço vênia para citar trecho do voto do excelentíssimo relator José Roberto Bedran, referente ao Conflito de Competência n. 990.10.225128-4, julgado pela E. Câmara Especial do Tribunal de Justiça de São Paulo, em 24/11/2010:

"Para a Comissão de Valores Mobiliários, o fundo de investimento "é uma comunhão de recursos, constituído sob a forma de condomínio, destinado à aplicação em títulos e valores mobiliários, bem como em quaisquer outros ativos disponíveis no mercado financeiro e de capitais" (Cf. art. 2º, da Instrução CVM nº 409/04). E para o Banco Central do Brasil, conforme disposto na Circular nº 2.616/95, "o fundo de investimento financeiro constituído sob a forma de condomínio aberto é uma comunhão de recursos destinado à aplicação em carteira diversificada de ativos financeiros e demais modalidades operacionais disponíveis no âmbito do mercado financeiro, observadas as limitações previstas neste Regulamento e na regulamentação em vigor.

E todo fundo de investimentos tem uma instituição responsável por sua administração, que é aquela que, na forma do artigo 56, da Instrução Normativa nº 409/04, da Comissão de Valores Mobiliários, exerce o conjunto de serviços relacionados, direta ou indiretamente, com o seu funcionamento e manutenção. Já a gestão da carteira correspondente é desempenhada por pessoa física ou jurídica, mas sempre credenciada pela CVM, como gestora de carteira de valores mobiliários, com poderes para negociar os títulos, em nome do fundo de investimentos.

O administrador do fundo deve ser uma instituição admitida e aprovada pelo Banco Central do Brasil ou pela CVM. Nem sempre é um banco comercial, podendo ser um banco de investimentos, uma sociedade corretora ou distribuidora de valores mobiliários, uma sociedade de crédito mobiliário, caixas econômicas e associações de poupança e empréstimo.

Na formação regular de um fundo de investimento, o respectivo administrador tem "uma extensa lista de obrigações regulamentares, que atreladas à sua especialização tendem a minorar o risco que o investidor experimentaria caso se dirigisse separadamente aos mercados financeiros e de capitais", dentre os quais sobreleva o de "envidar os melhores esforços para obter a maior rentabilidade possível ao capital investido, dentro do perfil de exposição – indicado no regulamento do fundo – aos possíveis elementos de risco". Por outro lado, "na defesa dos direitos e interesses dos cotistas, o administrador deverá empregar todas as diligências exigidas pelas circunstâncias para assegurá-los, adotando, inclusive se o caso, as medidas judiciais cabíveis, respondendo, por evidente, por eventuais danos causados pelas irregularidades de seu comportamento' (Responsabilidade Civil dos Administradores de Fundos de Investimento no Novo Código Civil EDUARDO MONTENEGRO OOTTA, Ed. Texto Novo, 2005, págs. 96 e 100/113).

Em suma, o administrador é o responsável por toda a administração do fundo e pelas informações perante os cotistas, a CVM e o Banco Central do Brasil.

CONCLUSÃO

(...)

Não há dúvida, portanto, de que o próprio banco réu classifica a relação jurídica estabelecida com o autor como um fundo de investimento", isto é, uma sociedade de investidores organizada e administrada por uma instituição financeira, numa espécie de condomínio, onde cada participante é proprietário de cotas e movimenta livremente o capital, com distribuição dos ganhos e prejuízos entre os cotistas.

(...)

De tudo se infere, pois, ser inquestionável a existência no caso, não de um típico contrato bancário ou de prestação de serviços bancários, como afirmou o v. acórdão da Colenda Câmara suscitante, mas sim, de pura relação jurídica de prestação de serviços entre o aplicador no fundo de investimentos, aqui, o autor da ação, e a instituição financeira que nele figurar como administradora, circunstância, assim muito bem acentuada pela Colenda Câmara suscitada.

Dada a singular natureza jurídica do fundo de investimentos, o fato de, eventualmente, ser ele administra do e gerido por um banco nunca poderia levá-lo à condição de contrato bancário ou de prestação de serviços bancários."

A partir da análise das características do fundo, portanto, pode-se concluir que o mesmo possui natureza jurídica singular, a qual não é, de modo algum, de contrato bancário ou prestação de serviços bancários.

Isso se dá porque os aplicadores do fundo são investidores qualificados, que possuem amplo conhecimento dos direitos creditórios, e que, portanto, não são hipossuficientes.

A Resolução CVM nº 2.907, de 29.11.2001, autorizou a constituição e o funcionamento de fundos de investimento em direitos creditórios e de fundos de aplicação em quotas de fundos de investimento em direitos creditórios e, desde logo, definiu que a sua regulamentação deveria obedecer às seguintes exigências:

"Art. 1º

Parágrafo 2º A regulamentação referida neste artigo deve prever, no mínimo, o seguinte:

I – possibilidade de aplicação de recursos no fundo apenas por investidores qualificados, considerada a definição constante da regulamentação editada pela Comissão de Valores Mobiliários relativamente aos fundos de investimento destinados exclusivamente a esses investidores;"

A Instrução CVM n. 356/2001, por sua vez, regulamentou a matéria:

"Art. 3º. Os fundos regulados por esta instrução terão as seguintes características:
I – serão constituídos na forma de condomínio aberto ou fechado;
II – somente poderão receber aplicações, bem como ter cotas negociadas no mercado secundário, quando o subscritor ou o adquirente das cotas for investidor qualificado;
III – serão classificados ou terão os seus ativos classificados por agência classificadora de risco em funcionamento no País." (Incisos II e III com redação dada pela Instrução CVM n. 554, de 17 de dezembro de 2014 e Inciso IV revogado pela Instrução CVM n. 554, de 17 de dezembro de 2014.)

Destarte, a peculiar relação jurídica estabelecida entre o Fundo e demais atores, e daquele com seus cotistas (investidores qualificados), não pode ser enquadrada dentro do âmbito de incidência protetiva do Código de Defesa do Consumidor, ausente hipossuficiência das partes, a afastar a pretendida responsabilidade objetiva dos réus pelos prejuízos sofridos pelo autor, decorrentes da suposta carteira de títulos frios adquirida.

Aponto que o artigo 24 do Regulamento do Fundo, fls.200/201 discorre:

"(...) não há garantia de completa eliminação da possibilidade de perdas para o FUNDO e o cotista.
Parágrafo 1º: Os recursos que constam na carteira do FUNDO estão sujeitos aos seguintes fatores de riscos (...)
(ix) Risco de irregularidades na documentação comprobatória dos Direitos Creditórios: O CUSTODIANTE realizará a verificação da regularidade dos Documentos Representativos de Crédito conforme legislação em vigor e por amostragem nos termos do artigo6º deste Regulamento. Considerando que tal auditoria é realizada tão somente após a cessão dos Direitos Creditórios ao FUNDO, a carteira do FUNDO poderá conter Direitos Creditórios cuja documentação apresente irregularidades, o que poderá obstar o pleno exercício, pelo FUNDO, das prerrogativas decorrentes da titularidade dos Direitos Creditórios."

CONCLUSÃO

Assim, todos os investidores estavam cientes dos diversos riscos inerentes ao Fundo, não cabendo a aplicação das disposições do CDC.

Tem-se, portanto, que eventual responsabilidade dos réus, na qualidade de Administradores, Gestores e Custodiantes do Fundo, depende da imperiosa demonstração de sua atuação com culpa (ou dolo).

Assim, afasto a aplicação do CDC ao caso.

Quanto à questão da responsabilidade solidária alegada pelo autor, uma vez afastada a incidência das normas consumeristas, resta abordá-la à luz das Instruções Normativas da CVM.

Narra o autor, em sua peça inicial, que o artigo 57, §2º da INCVM n. 409 de 18/04/2004 determina que deve haver responsabilidade solidária entre o administradores do fundo e os terceiros contratados pelo fundo por eventuais prejuízos causados aos cotistas em virtude de condutas contrárias à lei.

Entretanto, como bem expõe a defesa, o artigo 1º de tal Instrução dispõe:

A presente Instrução dispõe sobre normas gerais que regem a constituição, a administração, o funcionamento e a divulgação de informações dos fundos de investimento e fundos de investimento em cotas de fundo de investimento definidos e classificados nesta Instrução.

Parágrafo único. Excluem-se da disciplina desta Instrução os seguintes fundos, regidos por regulamentação própria:

III Fundos de Investimento em Direitos Creditórios;"

Sendo assim, e se tratando, o Fundo objeto da lide, de Fundo de Investimento em Direitos Creditórios, não deve ser aplicada a Instrução 409, e sim as Instruções específicas referentes ao fundo, que calam sobre qualquer solidariedade existente.

A Instrução Normativa CVM nº 356/2001 (fls. 134 e ss.), esta sim voltada à regulamentação dos Fundos de Investimento em Direitos Creditórios – FIDC, é silente em prever qualquer tipo de responsabilidade solidária entre administrador, custodiante e gestor.

Pontuo, ainda, que o Regulamento do Fundo de Investimento em Direitos Creditórios Trendbank Banco de Fomento Multisetorial (fls.189/229), Fundo objeto da ação, também se cala sobre qualquer solidariedade existente.

Como é cediço, a responsabilidade solidária não se presume, devendo decorrer de lei ou contrato; de rigor, pois, a não imputação de solidariedade entre os gestores, administradores, custodiantes e demais figuras envolvidas no Fundo autor.

Prosseguindo, abordo a questão da responsabilidade objetivados corréus, alegada pelo autor.

O artigo 62 da Instrução Normativa CVM 356, na qual o autor baseia sua alegação de responsabilidade objetiva, fora revogado pela Instrução CVM n. 545, de 29/01/2014. Mas, ainda que se analise o mesmo, posto que estava em vigor à época dos fatos, melhor sorte não tem o autor.

Interpretando tal artigo em sua redação original, a responsabilidade objetiva instituída referia-se à penalidade administrativa, conforme cita o artigo antecedente, art. 61 §3º da mesma Instrução, o qual faz referencia ao artigo 11 da Lei no 6.385/76, que trata de infrações graves no âmbito administrativo, com consequente imposição de penalidades como suspensão temporária do exercício do cargo e proibição temporária de atuar no mercado de valores imobiliários.

Desse modo, a interpretação que deve ser dada à redação original do artigo 62 deve se restringir ao âmbito administrativo, e não se estender à esfera jurídica civil.

Pontuo, ainda, que o afastamento da responsabilidade objetiva na atual ação civil não afasta a possibilidade de eventual imputação de responsabilidade administrativa, de natureza objetiva, na esfera própria.

Portanto, tal artigo, atualmente revogado, mas vigente à época, não se aplica ao presente caso.

Prosseguindo, baseia o autor também tal alegação no CDC, que fora afastado previamente.

Quanto ao parágrafo único do artigo 927 do Código Civil, aponto que esse também não se aplica ao caso.

O mesmo dispõe: *"Haverá obrigação de reparar o dano, independentemente de culpa, nos casos especificados em lei, ou quando a atividade normalmente desenvolvida pelo autor do dano implicar, por sua natureza, risco para os direitos de outrem."*

Nesse caso, a natureza objetiva da responsabilidade não está especificada em lei e, ademais, a atividade dos réus não é, nesse aspecto, atividade de risco. A relação entre as figuras e o fundo não se rege pela teoria do risco do negócio, o que afasta a incidência de tal artigo.

O risco inerente à atividade de investimento do Fundo não se estende, de forma automática, à prestação de serviços feita pelos réus, cuja responsabilidade depende da demonstração do descumprimento de suas obrigações contratuais.

Vale dizer, o negócio, como um todo, é de evidente risco, mas a atuação das figuras do administrador, gestor e custodiante, não.

Posto isso, afasto a alegação autoral de responsabilidade objetiva dos corréus, ficando a responsabilidade dos mesmos, portanto, dependente da necessária comprovação da culpa ou dolo.

Desse modo, o pedido autoral, baseado em indenização em decorrência, em suma, de compra de títulos viciados, inexistentes ou falsos que foram cedidos ao Fundo, deve ser analisado através da conduta de cada figura relacionada ao Fundo, seja ela administrador, gestor ou custodiante, de forma individualizada.

Tais figuras, conforme exposto, somente possuem responsabilidade em arcar com indenização no caso de conduta culposa ou dolosa, e no limite de sua atuação.

Passo, portanto, à verificação da imputação feita a cada participante do Fundo.

Analisando o Regulamento do Fundo, observo que o Custodiante possui a obrigação de verificar, por amostragem e **a posteriori**, os títulos creditórios adquiridos (fls. 193/194):

"Artigo 6º: As atividades de custódia e escrituração das Cotas do FUNDO previstas nos artigos 38 e 39 da Instrução 356, e a escrituração das Cotas serão exercidas pelo CUSTODIANTE.

Parágrafo 1º: O CUSTODIANTE é responsável pelas seguintes atividades:

I – receber e analisar a documentação que evidencie o lastro dos direitos creditórios representados por operações de fomento mercantil;

II – validar os direitos creditórios em relação aos Critérios de Elegibilidade estabelecidos neste Regulamento;

(...)

Parágrafo 3º: Conforme faculta o artigo 38, parágrafo 1º, da Instrução 356, **o CUSTODIANTE analisará a documentação que evidencia o lastro dos Direitos Creditórios utilizando-se de amostra probabilística aleatória simples**, selecionada por sorteio não viciado, considerando, ainda, parâmetros em relação à diversificação de clientes, quantidade e valor médio dos Direitos Creditórios, com grau de confiança de 95% (noventa e cinco por cento) e limite de erro tolerável de 5% (cinco por cento), devendo ser entendido como limite de erro tolerável o erro máximo que o auditor está disposto a aceitar e, ainda assim concluir que o resultado da amostra atingiu o objetivo da auditoria".

E ainda:

"Art. 24 Não obstante a diligência da GESTORA em colocar em prática a política de investimento delineada, os investimentos do FUNDO estão, por sua natureza, sujeitos a flutuações típicas do mercado, risco de crédito, risco sistêmico, condições adversas de liquidez e negociação atípica nos mercados de atuação e, mesmo que a ADMINISTRADORA mantenha sistema de gerenciamento de risco, não há garantia de completa eliminação da possibilidade de perdas para o FUNDO e para o cotista.

§1º Os recursos que constam na carteira do FUNDO estão sujeitos aos seguintes fatores de riscos:

(ix) Risco de irregularidades na documentação comprobatória dos Direitos Creditórios: O CUSTODIANTE realizará a verificação da regularidade dos Documentos Representativos de Crédito conforme legislação em vigor e por **amostragem** nos temos do artigo 6º deste Regulamento. Considerando que **tal auditoria é realizada tão somente após a cessão dos Direitos Creditórios ao FUNDO**, a carteira do FUNDO poderá conter Direitos Creditórios cuja documentação apresente irregularidades, o que poderá obstar o pleno exercício, pelo FUNDO, das prerrogativas decorrentes da titularidade dos Direitos Creditórios." (fls. 200/201) (grifei)

Desse modo, a escolha dos títulos não era feita por essa figura, e, em consequência, o Custodiante não possui responsabilidade alguma pela aquisição de títulos frios. Tal escolha e verificação do lastro dos títulos era função do réu TRENDBANK S.A. BANCO DE FOMENTO, conforme será exposto posteriormente.

Pontuo, ainda, ao contrário do afirmado na inicial, que o SANTANDER não contratou o TRENDBANK, o que imputaria reponsabilidade pela conduta do segundo a ele. Quem escolheu o TRENDBANK para fazer a guarda da documentação de lastro foram os próprios quotistas do fundo (art. 6º, parágrafo 2º, do Regulamento original, fls. 236), que delegaram essa responsabilidade diretamente ao TRENDBANK já na origem do Fundo, através do respectivo Regulamento. Não há subcontratação entre SANTANDER e TRENBANK, mas opção, por parte dos investidores, através do Regulamento, de delegar a função de guarda (e outras, como se verá) a esse.

E, como bem apontou a defesa, tal Regulamento, que foi subscrito pelos quotistas do Fundo, só por eles poderia ser alterado.

Ainda pontuo que o Santander contratou a empresa Ernst & Young Terco para a elaboração de auditoria, através de relatórios que foram remetidos trimestralmente e publicados, relatórios esses que constataram o estado do Fundo, cumprindo, então, a obrigação de custodiante.

Assim, e ausente indicação concreta de outras condutas imputáveis ao Custodiante, é manifesta a improcedência da ação no que tange aos corréus que atuaram em tal função BANCO SANTANDER (BRASIL) S.A. e DEUTSCHE BANK S.A. BANCO ALEMÃO, posto que não possuíam qualquer responsabilidade na escolha dos títulos.

Quanto à figura do *Gestor*, função exercida pelo réu TRENDBANK S.A. BANCO DE FOMENTO, observo que, de acordo com o Regulamento, art. 6º, parágrafo 2º, fls. 194, deve realizar "a **cobrança** dos Direitos Creditórios Inadimplidos" (vide, ainda, art. 6º, parágrafo 2º, fls. 236), cuja omissão é apontada na inicial.

Por outro lado, de acordo com o artigo 7º, fls. 195, deveria o réu TRENDBANK prestar serviços especializados que consistem no **cadastramento dos cedentes, análise de crédito de potenciais devedores dos direitos creditórios ao Fundo, análise dos direitos creditórios ofertados ao fundo, recebimento, análise da documentação que evidencia lastro dos direitos creditórios ao fundo e verificação do atendimento dos direitos creditórios ofertados ao fundo às Condições de Cessão.**

A análise dos demais dispositivos que regem o Fundo permite afirmar que toda a política de investimentos era centralizada pelo TRENDBANK, ao qual era atribuída a função de prévio cadastro e aprovação dos cedentes e dos direitos creditórios (incluída a análise dos sacados), guarda da documentação respectiva e cobrança em caso de inadimplemento.

De fato, o Regulamento do Fundo prevê

"Artigo 16: Os Direitos Creditórios a serem adquiridos pelo FUNDO devem atender cumulativamente às seguintes Condições de Cessão que serão validadas pela ADMINISTRADORA:

I – **decorram de operações realizadas pelos Cedentes nos segmentos industrial, comercial, de agronegócio ou de prestação de serviços;**

II – decorram de Cedentes previamente cadastrados pelo TRENDBANK;

III – os devedores dos direitos creditórios (Sacados) ofertados ao FUNDO não deverão estar em processo de falência, recuperação judicial ou extrajudicial, insolvência ou procedimento similar, **conforme verificação a ser realizada pelo TRENDBANK;**

IV – **devem ser previamente avaliados e aprovados pelo TRENDBANK;**

(...)

Artigo 26: **A política de concessão de crédito é desenvolvida pelo TRENDBANK** e pode ser sintetizada como sendo:

I – Os Cedentes deverão ser previamente cadastrados pelo TRENDBANK para que possam ofertar Direitos Creditórios ao FUNDO. Para que tenha seu cadastro aprovado, cada Cedente deverá entregar ao TRENDBANK os documentos e informações necessários ao seu cadastramento, quais sejam, informações cadastrais mínimas indicadas no Anexo II deste Regulamento, acompanhadas de cartão de assinaturas e davia original ou de cópia autenticada dos seguintes documentos: Contrato Social ou Estatuto Social, informação sobre a inscrição no Cadastro Nacional da Pessoa Jurídica do Ministério da Fazenda CNPJ/MF, a qual será conferida conforme certidão expedida no website da Receita Federal do Brasil, balanço do último exercício social e indicação das pessoas capazes de representar o Cedente em operações de cessão de direitos, acompanhada dos documentos que comprovem tais poderes. O Cedente cadastrado deverá manter sempre atualizada referida documentação probatória de poderes dos seus representantes. À critério do TRENDBANK, outros documentos poderão ser solicitados ao Cedente para a aprovação de seu cadastro;

II – Após o cadastramento dos Cedentes de acordo com os requisitos estabelecidos no inciso I, acima, o TRENDBANK efetuará uma análise de cada Cedente para a concessão de um limite operacional; e

III – Após a análise dos Cedentes, o TRENDBANK efetuará a análise de cada operação de cessão de Direitos Creditórios de acordo com a seguinte metodologia:

a) análise do grau de concentração por Cedente para verificara possibilidade do mesmo realizar a cessão;

b) verificação da posição de Direitos Creditórios vencidos;

c) análise do grau de concentração por Sacado em relação ao Patrimônio Líquido do FUNDO;

d) verificação da concentração por Sacado junto ao Cedente;

CONCLUSÃO

e) verificação do histórico de pagamentos do Sacado junto aoCedente e ao FUNDO;

e

f) verificação do perfil do Sacado, se é compatível com os valores dos Direitos Creditórios contra ele." (grifei)

Desse modo, a suposta responsabilidade por erro (ou dolo) no exercício das funções, que pode ter resultado no "rombo" alegado pelo autor, pode, em tese, caber ao TRENDBANK S.A. BANCO DE FOMENTO, visto que era função do mesmo analisar o lastro dos direitos creditórios ofertados ao Fundo, principal fator que pode ter resultado na situação exposta na inicial.

Cumpre observar, ainda, que os relatórios referidos na inicial apontam a ocorrência de forte concentração de direitos creditórios de mesmos cedentes, dentre eles o próprio cotista subordinado, TRENDBANK. Assim, deve-se verificar se o percentual de concentração supera aquele permitido no Regulamento, que tem especial elasticidade no tocante à cessão de títulos pelo TRENDBANK, e se houve, pela coincidência de posições de cedente, de gestor e responsável pela escolha da carteira de investimentos do Fundo, e ainda de cotista, possível conflito de interesses e favorecimento pessoal.

Por fim, quanto à figura dos *Administradores*, pontuo que os mesmos deviam, em tese, manter a documentação e registros atualizados e em ordem, receber rendimentos, fazer as divulgações do fundo, custear despesas de propaganda e outras não relacionadas à escolha dos títulos que seriam adquiridos, posto que essas foram todas transferidas ao TRENDBANK S.A.BANCO DE FOMENTO, conforme exposto.

Porém, como já afirmado, tanto a guarda da documentação, quanto a cobrança dos títulos vencidos, foi delegada ao TRENBANK.

Da mesma forma, como igualmente já apontado, toda a análise prévia relativa aos títulos ofertados ao Fundo era de responsabilidade do TRENDBANK, competindo-lhe a análise do sacado, do cedente, dos instrumentos de crédito e do respectivo lastro.

Era o TRENDBANK, portanto, quem cadastrava o cedente, escolhia o crédito a ser adquirido, permanecendo, ademais, com a posse dos documentos representativos do crédito (art. 6º, §2º do Regulamento, fls. 236).

Conclui-se, portanto, que houve uma opção, por parte do próprio Fundo, pela concentração de atribuições ao TRENDBANK, eleito para realizar a conferência dos títulos, no momento da aquisição do direito creditório, e responsável pela guarda e depósito dos documentos representativos dos créditos adquiridos pelo Fundo, bem como pela posterior cobrança dos títulos vencidos.

Assim, observo a função de Administradora foi evidentemente esvaziada, passando ao TRENDBANK S.A. BANCO DE FOMENTO.

Note-se, por fim, que, diante da natureza dos riscos envolvidos, o Regulamento do Fundo prevê, expressamente, que as aplicações realizadas no FUNDO não contam com garantia da ADMINISTRADORA, da GESTORA ou do CUSTODIANTE.

Portanto, de rigor a improcedência da ação no que tange aos corréus PLANNER CORRETORA DE VALORES S.A. e BANCO PETRA S.A. por não terem, os mesmos, qualquer responsabilidade referente à escolha e análise prévia do lastro dos direitos creditórios adquiridos pelo fundo, função essa que, viciada, pode ter causado o "rombo" narrado pelo autor.

Especificamente no tocante à corré PLANNER, verifica-se que essa assumiu a efetiva administração apenas em 08.04.2013 (conforme Ata da Assembleia, fls. 1674), quando já vigorava o esquema narrado na inicial. E tendo essa verificado, logo após, a existência de problemas apontados em auditoria (conforme relatório referido na inicial, entregues em agosto de 2013), agiu no sentido de apurar as irregularidades e comunicar os cotistas, convocando Assembleia Geral em outubro do mesmo ano.

Não se verifica, pois, da narração inicial, nexo entre a atuação da ré Planner e o alegado "rombo", produto de anteriores negociações.

Assim, deve a ação prosseguir somente em face do réu TRENDBANK S.A. BANCO DE FOMENTO.

9. Diante do exposto, **JULGO IMPROCEDENTE** a ação movida por **FUNDO DE INVESTIMENTO EM DIREITOS CREDITÓRIOS TRENDBANK BANCO DE FOMENTO MULTISETORIAL** com relação somente aos corréus **PLANNER CORRETORA DE VALORES S.A., BANCOPETRA S.A., BANCO SANTANDER (BRASIL) S.A. e DEUTSCHE BANK S.A. BANCO ALEMÃO.**

Condeno o autor ao pagamento das respectivas custas e despesas processuais, corrigidas do desembolso, e honorários advocatícios que arbitro em R$ 5.000,00 (cinco mil reais) ao patrono de cada um dos réus citados, com base no artigo 85, §8º do CPC.

P.R.I.

10. Para dar prosseguimento à ação, determino a realização de perícia para que haja a constatação das supostas condutas imputadas ao réu pelo autor.

Designo o perito Jubray Sacchi. Intime-se para que, no prazo de 05 (cinco) dias, informe seus honorários, conforme art. 465, §2º, do Código de Processo Civil, a serem rateados pelas partes, nos termos do art. 95, do mesmo dispositivo legal.

O laudo deverá ser apresentado em 45 dias. Caberá ao perito indicar os documentos necessários à realização da prova.

Faculto às partes a indicação de assistentes técnicos e a apresentação de quesitos, no prazo de 15 (quinze) dias, nos termos do art. 465,§1º, do Código de Processo Civil.

Int.

São Paulo, 21 de fevereiro de 2017.

MARIA CAROLINA DE MATTOS BERTOLDO
Juíza de Direito

REFERÊNCIAS

AGUIAR DIAS, José. **Repertório Enciclopédico do Direito Brasileiro**. Carvalho Santos e Colaboradores. Rio de Janeiro: Borsoi, n. 14;
_____. **Da responsabilidade Civil**. Rio de Janeiro: Forense, 6a edição, 1979, v. 1.

AGUIAR JUNIOR, Ruy Rosado de. **Projeto do Código Civil – As obrigações e os contratos.** São Paulo: Revista dos Tribunais, 775/23, 2000;

ALONSO, Félix Ruiz. **Os Fundos de Investimento.** São Paulo: Revista de Direito Mercantil, v.1, 1971;

AMARAL, Francisco. **Da inexecução das obrigações e suas consequências**. São Paulo: Saraiva, 4. edição, 1972;

BARRETO, Amanda Gouvêa Toledo. **Regtechs e Fundos de Investimento disciplinados pela Instrução CVM nº 555/14.** Monografia apresentada e aprovada pelo Insper para obtenção do título de LL.M. em Direito do Mercado Financeiro e de Capitais;

BARRETO FILHO, Oscar. **Regime Jurídico das Sociedades de Investimentos.** São Paulo, Max Limonad, 1956;

BARROS MONTEIRO, Washington de. **Curso de Direito Civil**, São Paulo, Saraiva, 15a edição, 1980, volume 5;

BASTOS, Celso Ribeiro. **Da Ordem Econômica e Financeira – Curso de Direito Constitucional**. São Paulo: Saraiva, 20ª edição, 1999;

BENETI, Sidnei Agostinho. **A Constituição do homem comum.** Panorama da Justiça. São Paulo: Ed. Escalara, ano VI. n. 38;

BITTAR, Carlos Alberto. **Responsabilidade civil nas atividades perigosas – Responsabilidade Civil – Doutrina e Jurisprudência.** Coordenação de Yussef Said Cahali. São Paulo: Saraiva, 2ª edição, 1988;
_____. **Reparação Civil por Danos Morais**, Editora Revista dos Tribunais, 3ª edição, 1999;

BOBBIO, Norberto. **A era dos direitos.** São Paulo: Campus. 1992;

BOULOS, Daniel Martins. **O princípio da função social do contrato no novo Código Civil.** São Paulo: Valor Econômico, edição nº 842, de 11 de setembro de 2003;

_____. **A autonomia privada, a função social do contrato e o novo Código Civil – Aspectos Controvertidos do novo Código Civil – Escritos em homenagem ao Ministro José Carlos Moreira Alves**, Coordenação de Arruda Alvim, Joaquim Portes de Cerqueira César e Roberto Rosas. São Paulo: Revista dos Tribunais, 2003;

CAHALI, Yussef Said. **Dano Moral**, São Paulo, Editora Revista dos Tribunais, 2ª edição, 2ª Tiragem, 1998;

_____. **Indenização segundo a gravidade da culpa.** Revista da Escola Paulista da Magistratura. São Paulo: 1ª edição, nº 1, setembro-dezembro, 1996;

_____. **Responsabilidade civil nas atividades perigosas – Responsabilidade Civil – Doutrina e Jurisprudência.** Coordenação de Yussef Said Cahali. São Paulo: Saraiva, 2ª edição, 1988;

CALABRÓ, Luiz Felipe Amaral. **Regulação e Autorregulação do Mercado de Bolsa – Teoria Palco-Plateia**, São Paulo: Almedina, 2011;

CAVALIERI FILHO, Sérgio. **Programa de responsabilidade civil.** São Paulo: Malheiros Editores, 1996;

COELHO, Fábio Ulhôa. **A Responsabilidade Civil dos Administradores de Instituições Financeiras**, artigo integrante da obra **Aspectos Atuais do Direito do Mercado Financeiro e de Capitais.** Coord. Roberto Quiroga Mosquera, São Paulo: Dialética, 1999;

COFFEE, JR., John C. **Gatekeepers: The Professions and Corporate Governance.** Oxford: University Press, 2006;

COUTO E SILVA, Clóvis V. do. **O Conceito de dano no direito brasileiro e comparado.** São Paulo: Editora Revista dos Tribunais, 1991, n. 1.4;

COVELLO, Sérgio Carlos. **Contratos Bancários.** São Paulo: Ed. Leud, 4ª edição, 2001;

CRETELLA JUNIOR, José. **O Estado e a Obrigação de Indenizar.** São Paulo, Saraiva, 1980;

DEMOGUE, René. **Traité des Obligations en général**, v. 4, n. 66, Paris: 1924;

DINIZ, Maria Helena. **Novo Código civil Comentado**, Coordenação de Ricardo Fiúza, São Paulo, Saraiva, 2002;

DONNINI, Rogério Ferraz. **Responsabilidade Pós-Contratual no Novo Código Civil e no Código de Defesa do Consumidor.** São Paulo: Saraiva, 2004;

REFERÊNCIAS

DOTTA, Eduardo Montenegro. **A responsabilidade das plataformas eletrônicas nas ofertas de valores mobiliários do Equity Crowdfunding.** Revista de Direito das Sociedades de dos Valores Mobiliários. Volume 5. São Paulo: Almedina, 2017, coautoria de Bruno Santicioli de Oliveira;

DUARTE JUNIOR, Antonio Marcos. **A Importância do Gerenciamento de Riscos Corporativos.** São Paulo: Ibmec, 25 de março de 2003;

EIZIRIK, Nelson Laks. **Reforma das S.A. & do Mercado de Capitais.** Rio de Janeiro: Renovar, 1998;

FORTUNA, Eduardo. **Mercado Financeiro: Produtos e Serviços.** 14ª edição. Rio de Janeiro: Qualitymark, 2001;

FREITAS, Ricardo de Santos. **Natureza Jurídica dos Fundos de Investimento.** São Paulo: Quartier Latin, 2006;

_____. **Responsabilidade Civil dos Administradores de Fundos e Investimento-Aspectos Atuais do Direito do Mercado Financeiro e de Capitais,** Coord. de Roberto Quiroga Mosquera. São Paulo: Dialética, 1999;

GABLIANO, Pablo Stolze. **Novo Código Civil e incidência nos contratos.** São Paulo: Valor Econômico, edição nº 701, de 18 de fevereiro de 2003;

GAGGINI, Fernando Schuwarz. **Fundos de Investimento no Direito Brasileiro.** São Paulo: Livraria e Editora Universitária de Direito, 2002;

GARCEZ NETO, Martinho. **Prática de Responsabilidade Civil.** São Paulo: Saraiva, 4ª edição, 1989;

GOMES, Luiz Roldão de Freitas. **Responsabilidade civil subjetiva e objetiva – Aspectos Controvertidos do novo Código Civil – Escritos em homenagem ao Ministro José Carlos Moreira Alves.** Coordenação de Arruda Alvim, Joaquim Portes de Cerqueira César e Roberto Rosas. São Paulo: RT, 2003;

GONÇALVEZ, Carlos Roberto. **Responsabilidade Civil,** 7ª edição, São Paulo, Saraiva, 2002, p.8;

HAENSEL, Taimi. **A Figura dos Gatekeepers.** São Paulo: Editora Almedina, 2014;

KHOURI, Paulo R. Roque A. **O Direito Contratual no novo Código Civil** Enfoque Jurídico. Suplemento do Informe do Tribunal Regional Federal da 1ª Região, edição de 16 de outubro de 2001;

KRAAKAMAN, Reinier H. **Gatekeepers – The Anatomy of a Third-Party Enforcement Strategy. Jornal of Law, Economics and Oganization,** v. 2., n.1, 1986;

LEÃES, Luiz Gastão Paes de Barros. **O conceito de "security" no direito norte americano e o conceito análogo no direito brasileiro.** Revista de Direito Mercantil, Industrial, Econômico e Financeiro. V. 14;

LEVADA, Cláudio Soares. **O abuso do direito e o art. 1228, § 2º, do mesmo Código Civil. Tribuna da Magistratura.** Caderno Especial, Associação Paulista de Magistrados, ano 14, n. 124, 2002;

LIMA, Iran Siqueira. **Fundos de Investimentos – Aspectos Operacionais e Contábeis.** São Paulo: Atlas, 2004;

LIMONGI FRANÇA, Rubens. **Responsabilidade Civil e abuso de direito.** Revista do Advogado, n. 19;

LOTUFO, Renana. **Código Civil Comentado.** Volume 1. Parte Geral. São Paulo: Saraiva, 2ª ed., 2004;

LOYOLA, Gustavo. **Regulação do Mercado Financeiro – V – Cooperação internacional: Os Acordos da Basiléia.** Aula proferida em março de 2003, no LL.M. em Direito do Mercado Financeiro e de Capitais do Insper;

_____. **Teoria Geral da Regulação,** Apresentação de março de 2003, no LL.M. em Direito do Mercado Financeiro e de Capitais do Insper;

LUCCA, Newton de. **Responsabilidade Civil dos Administradores das Instituições Financeiras.** São Paulo: Revista de Direito Mercantil nº 67;

MANKIW, N. Gregory. **Macroeconomics.** New York: Worth Publishers, 4ª ed., 2000;

MARQUES, Cláudia Lima. **Contratos no Código de Defesa do Consumidor.** São Paulo: Revista dos Tribunais, 2ª edição, 1995;

MATTOS FILHO, Ary Oswaldo. **O Conceito de Valor Mobiliário.** Revista de Direito Mercantil, Industrial, Econômico Financeiro. São Paulo: Revista dos Tribunais, nº 59. ano XXIV, 1985;

MOSQUERA, Roberto Quiroga. **Os Princípios Informadores do Direito do Mercado Financeiro e de Capitais – Aspectos Atuais do Direito do Mercado Financeiro e de Capitais.** Coord. do mesmo autor. São Paulo: Dialética, 1999;

NERY, Rosa Maria de Andrade. **Código Civil Anotado e Legislação Extravagante.** Em coautoria com Nelson Nery Junior. São Paulo: Revista dos Tribunais, 2ª edição, 2003;

NERY JUNIOR, Nelson. **Código Civil Anotado e Legislação Extravagante.** Em coautoria com Rosa Maria de Andrade Nery. São Paulo: Revista dos Tribunais, 2ª edição, 2003;

NUSDEO, Fábio. **Curso de Economia – Introdução ao Direito Econômico,** São Paulo, Revista dos Tribunais, 2001;

OLIVEIRA, Bruno Santicioli de. **A responsabilidade das plataformas eletrônicas nas ofertas de valores mobiliários do Equity Crowdfunding.**

REFERÊNCIAS

Revista de Direito das Sociedades de dos Valores Mobiliários. Volume 5. São Paulo: Almedina, 2017, coautoria de Eduardo Montenegro Dotta;

OLIVEIRA, Marcos Cavalcante de. **Moeda, Juros e Instituições Financeiras – Regime Jurídico**. Rio de Janeiro: Ed. Forense, 2006;

PEREIRA, Caio Mário da Siva. **Responsabilidade Civil**. Rio de Janeiro: Forense, 3a edição, 1992;

PERRICONE, Sheila. **Fundos de Investimento: A política de investimento e a responsabilidade dos administradores**. São Paulo: Revista de Direito Bancário, do Mercado de Capitais e da Arbitragem, janeiro-março de 2001, ano 4, n. 11;

PINHEIRO, Flávio César de Toledo. **Erro de impressão ou aberração jurídica?** Caderno Especial Jurídico, Tribuna da Magistratura, Associação Paulista de Magistrados, Ano XIV, n. 121, 2002;

PIRES, Daniela Marin. **Os Fundos de Investimento em Direitos Creditórios (FIDC)**. São Paulo: Almedina, 2015, 2ª edição;

QUEIROZ, José Eduardo Carneiro. **O Conceito de Valor Mobiliário e a Competência da Comissão de Valores Mobiliários e do Banco Central do Brasil – Aspectos Atuais do Direito do Mercado Financeiro e de Capitais**. Coord. de Roberto Quiroga Mosquera. São Paulo: Dialética, 1999;

QUINTANA, Luciana Hernández. **A responsabilidade civil objetiva no Código Civil Brasileiro: a teoria do risco criado prevista no artigo 927, parágrafo único**. São Paulo: Revista do Advogado, n. 77, Ano XXIV, julho de 2004, publicação da Associação dos Advogados de São Paulo;

REALE, Miguel. **Espírito da nova Lei Civil**. Portal Academus.http:www.academus.pro.br. datado de 06 de janeiro de 2003;

_____. **Novo Código Civil Brasileiro**. Estudo Comparativo. São Paulo: Revista dos Tribunais; 3ª edição;

_____. **Lições preliminares de direito**. São Paulo: Saraiva, 1983;

REQUIÃO, Rubens. **Curso de Direito Comercial**. v.1. São Paulo: Saraiva, 1980;

ROCCA, Carlos Antonio. **Plano Diretor do Mercado de Capitais**. Coleção Estudos Ibmec – v.2. Org. Carlos Antonio Rocca. Rio de Janeiro: Ed. José Olympio, 2002;

ROCHA, Tatiana Nogueira da. **Fundos de Investimento e o Papel do Administrador**, Núcleo de Publicações Jurídicas – IbmecLaw. São Paulo: Ed. TextoNovo, 2003;

RODRIGUES, Silvio. **Direito Civil – responsabilidade civil**. São Paulo: Saraiva, 11ª edição, 1987, volume 5, n.7;

SADDI, Jairo. **Contratos incompletos**. São Paulo Valor Econômico. Edição n° 887, de 13 de novembro de 2003;

_____. **Crise e Regulação Bancária** – Navegando mares revoltos. São Paulo: TextoNovo, 2001;

_____. **O Poder e o Cofre – Repensando o Banco Central**. São Paulo: Textonovo, 1997;

SALLES, Marcos Paulo de Almeida. **O Contrato Futuro**. São Paulo: Cultura Editores Associados, 2000;

SALOMÃO NETO, Eduardo. **O trust e o direito brasileiro**. São Paulo: LTR, 1996;

SANTOS, Antonio Jeová. **Dano Moral Indenizável**, São Paulo: Editora Lejus, 2.a edição, 1999;

SILVA NETO, Lauro de Araújo. **Derivativos – Definições, Emprese Risco**. 4ª edição. São Paulo: Ed. Atlas, 2002;

SOUZA JUNIOR, Francisco Satiro de. **Agências de Classificação de Créditos e seu Papel de Gatekeepers. Temas de Direito Societário e Empresarial Contemporâneos**. Marcelo Vieira Von Adamek (Coordenador). São Paulo: Malheiros, 2011;

STOCCO, Rui. **O novo Código Civil – Estudos em Homenagem ao Prof. Miguel Reale**. São Paulo: LTr, 2003, p. 792 Coordenação de Domingos Franciulli Netto, Gilmar Ferreira Mendes e Ives Gandra da Silva Martins Filho;

_____. **Tratado de Responsabilidade Civil**. 6ª edição. São Paulo: Revista dos Tribunais. 2004;

TALAVERA, Glauber Moreno. **Art. 957 do novo Código Civil e os fundos de investimento: Justiça retórica, responsabilidade forjada**. Artigo obtido no site Jus Navigandi, disponível em www1.jus.com.br/doutrina/texto.asp?id=4021;

VENOSA, Sílvio de Salvo. **Abuso de Direito**. São Paulo: Revista da Faculdade de Direito das Faculdades Metropolitanas Unidas de São Paulo, 1988;

_____. **A responsabilidade objetiva no novo Código Civil**. In http:www.escritorioonline.com/webnews/norida.php, datado de 02 de fevereiro de 2003;

_____. **Direito Civil Tomo II – Teoria Geral das Obrigações e Tema Geral dos Contratos**. São Paulo: Atlas, 2ª edição;

VERÇOSA, Haroldo Malheiros Duclerc. **Mercado de Capitais: Risco X Informação**. 2012. Disponível em: http://www.migalhas.com.br/dePeso/16,MI164930,61044-Mercado+de+capitais+risco+X+informaçao, acesso em 08/10/2018;

REFERÊNCIAS

WALD, Arnoldo. **A Culpa e o Risco como Fundamentos da Responsabilidade Pessoal do Diretor de Banco**. Revista de Direito Mercantil, 24/29;

_____. **A evolução do contrato no terceiro milênio e o novo Código Civil – Aspectos Controvertidos do novo Código Civil – Escritos em homenagem ao Ministro José Carlos Moreira Alves,** Coordenação de Arruda Alvim, Joaquim Portes de Cerqueira César e Roberto Rosas. São Paulo: Revista dos Tribunais, 2003;

_____. **As funções do contrato**. São Paulo: Valor Econômico, edição nº 897, de 27 de novembro de 2003;

_____. **Contratos incompletos**. São Paulo Valor Econômico. Edição nº 887, de 13 de novembro de 2003;

ZULIANI, Ênio Santarelli. **Reflexões sobre o novo Código Civil**, São Paulo, Revista do Advogado, publicação da Associação dos Advogados de São Paulo, ano XXII, nº 68, dezembro/2002.

ÍNDICE

AGRADECIMENTOS	7
PREFÁCIO À 1ª EDIÇÃO	9
PREFÁCIO À 2ª EDIÇÃO	11
INTRODUÇÃO À 1ª EDIÇÃO	15
INTRODUÇÃO À 2ª EDIÇÃO	17

PRIMEIRA PARTE — 19

1. ASPECTOS DOS PRINCÍPIOS FORMADORES DO CÓDIGO CIVIL E DO DIREITO PRIVADO BRASILEIRO — 21

2. A RESPONSABILIDADE CIVIL NO NOVO CÓDIGO – A AMPLIAÇÃO DO DEVER DE INDENIZAR — 31

3. DOS REGIMES JURÍDICOS DA RESPONSABILIDADE CIVIL — 49

SEGUNDA PARTE — 69

4. DOS PRINCÍPIOS QUE INFORMAM O DIREITO DOS MERCADOS FINANCEIRO E DE CAPITAIS — 71

5. DO CONCEITO E DA NATUREZA JURÍDICA DOS FUNDOS DE INVESTIMENTO — 85

6. DA ORIENTAÇÃO REGULATÓRIA E A CLASSIFICAÇÃO
DOS FUNDOS DE INVESTIMENTOS 97

7. OS DEVERES DOS ADMINISTRADORES E GESTORES
DOS FUNDOS DE INVESTIMENTOS 117

8. DA POLÍTICA DE INVESTIMENTO E OS ELEMENTOS
DE RISCOS PARA OS FUNDOS DE INVESTIMENTO 129

9. RESPONSABILIDADE CIVIL DOS ADMINISTRADORES
E GESTORES DE FUNDOS DE INVESTIMENTO 137

CONCLUSÃO 153

REFERÊNCIAS 181